하나님의 때에
꽃을 피우다

하나님의 때에
꽃을 피우다

정원사의 명상

비겐 구로얀 지음
김순현 옮김

kmc

© 1999 by Vigen Guroian
Originally published in English as *Inheriting Paradise: Meditations on Gardening* by Wm. B. Eerdmans Publishing Company, Grand Rapids, MI, USA.
This Korean translation edition © 2022 by KMC PRESS, Seoul, Republic of Korea
This Korean edition is published by arrangement of Wm. B. Eerdmans Publishing Company through rMaeng2, Seoul, Republic of Korea.
All rights reserved.

이 한국어판의 저작권은 알맹2를 통하여 Wm. B. Eerdmans Publishing Company와 독점 계약한 도서출판kmc에 있습니다. 저작권법에 의하여 한국 내에서 보호받는 저작물이므로 무단 전재와 무단 복제를 금합니다.

"그들의 삶은 물 댄 정원 같을 것이다."

예레미야 31:12, NRSV

우리의 가정을 물 댄 정원으로 만드는

준^{June}에게 이 책을 바칩니다.

추천사

탁월한 저서다. 비겐 구로얀은 교회력을 통해 독자들을 부드럽게, 때로는 거칠게 안내하면서 자기가 돌보는 정원의 계절 나기를 성찰한다. 그는 자기 정원을 그리스도교 우주 안에서 하나님의 은총을 담은 소우주로 경험한다.

로버타 C. 반디 Roberta C. Bondi
『하나님의 기억들 Memories of God』 저자

구로얀의 정원에는 성과 속을 가르는 경계가 없다. 땅속에 웅크리고 잠자던 거북이, 으깨진 포도, 향기로운 라일락, 토마토 지지대 등 모든 것이 낙원의 성체다. 이 책은 그가 정교회 신학과 개인적 성찰을 풍부하게 버무려 내놓은 책이다.

바버라 브라운 테일러 Barbara Brown Taylor
『하나님이 침묵하실 때 When God is silent』 저자

묘사와 본인이 겪은 이야기, 경건한 통찰을 이상적으로 결합한 우아하고 감동적인 책이다. 이 수필들은 매우 매력적이고 호소력이 있어서, 나처럼 정원사가 아닌 사람도 모종삽을 들고 싶게 한다.

프레데리카 매튜스-그린 Frederica Mathewes-Green
『동쪽을 향하다 Facing East』 저자

구로얀의 정원 일 명상은 구체적이고, 현실적이며, 신체적이다. 그의 상상력은 원대하다. 이 책은 당신에게 세상을 새로 보게 해줄 것이다. 이 책은 두께는 얇아도, 두꺼운 책들보다 훨씬 많은 일을 한다.

패트릭 헨리 Patrick Henry
『역설적인 그리스도인의 동반자 The Ironic Christian's Companion』 저자

서문

교외의 화원과 시골의 농장은 양면 거울의 가능성을 지니고 있다. 이를테면 영원을 우리의 뒤뜰로 곧장 끌어들이고, 하나님의 참된 마음과 심정을 우리의 자그마한 세계에 얼마간 펼쳐보이는 것이다. 대학 교수이자 신학자인 저자는 매 순간 그리고 철마다 이루어지는 창조주와 피조물의 애정 어린 친교를 체득하고서 자신을 하나님의 마음에 가장 가까이 데려다주는 것은 정원 일이라고 단언한다.

이 빼어나고 사려 깊은 책에서 저자는 우리가 경작하는 흙과 발밑의 대지 속에서 잠들었다가 자라서 울창해지고 무르익는 하나님의 참된 생명과 숨을 열렬히 찬양한다. 그렇지만 이것은 낭만적인 꿈이 아니다. 잎이 돋아나고 꽃망울이 터지는 정원은 잡초와 해충도 거주하는 정원이며, 우리의 등허리가 쑤시고 몸에 땀이 배기까지 일해야 하는 정원이기도 하다. 비겐 구로얀의 영성은 그의 생생한 체험에 뿌리내리고 있다. 이 체험이야말로 그의 견실하고 힘찬 영성의 원천이다.

그는 성서 인용구, 시, 지혜 문학, 아르메니아 정교회 전례, 자신의 유쾌한 단편적 일화들을 능숙하게 버무려 우리를 원예 월력과 교회력의 여정으로 안내하면서 심오한 진리를 털어놓는다. 이를테면 하나님의 씨앗(self)이 모든 사람의 마음속에 뿌려져 있으니, 그 씨앗을 싹틔워 모든 피조물을 위해 열매 맺게 하는 것이 우리의 임무라는 것이다.

사순절 봄이 되면, 우리는 마음 밭을 건사하여 죄스러운 습관들을 근절하려고 애쓴다. 성장의 계절이자 새로운 활력의 계절인 성령강림절에는 상쾌한 은총의 비가 우리를 적시며 힘을 준다. 우리 마음의 건기(乾期)는 지루하고 고된 황무지 등반 이후에 찾아오는 변모의 광휘를 경험한다. 늦여름에는 성모 승천 대축일이 찾아오고,

그다음에는 "건강하고 풍요로운 삶의 수확기"가 찾아온다.

십자가의 어둠과 약속이 우리 앞에 부상(浮上)하고, 우리는 색의 마지막 물결—"분홍색 애스터^{aster}와 자주색 애스터 … 겨자색 국화 … 황금빛 스쿼시 호박, 초록깍지강낭콩, 토마토, 진홍색 피망"—을 넘어 첫 서리를 맞고 시든 포도나무의 계절로 들어서서 쇠락해간다. "우리의 자녀는 박주가리 꼬투리처럼 커지고", 우리 자신의 현세적 생명은 서서히 땅속으로 되돌아간다. 속살을 드러낸 겨울 땅과 벌거벗은 나무 십자가가 자신들의 영속적인 열매를 맺는 것이다.

마침내 한 해는 강림절로 이어진다. 강림절은 치우고, 잘라내고, 뿌리를 덮어주고, 구근(球根)을 묻고, 땅에 돌려주는 철이다. "씨앗의 계절이다." 우리는 대기 중인 대지에 우리의 "낡고 헌 자아"를 넘겨준다. 이는 구로얀의 거북이 두 마리가 동면에 드는 것과 같다. 기다리고 죽고 묻는 강림절 없이 크리스마스의 일시적 즐거움을 붙

잡는 것은 우리 자신에게서 진리를 빼앗는 것과 다름없다.

이 책은 "우리의 정원들"이 우리 자신만을 위한 것이 아니라 모든 피조물을 위한 것임을 상기시키며 끝맺는다. 우리가 우리 자신을 위해서만 간직한다면 정원은 번성하지 못할 것이다. 거기에는 봄철도 없을 것이다. 우리가 모든 피조물에게 기꺼이 돌려주어야 사철 꽃을 피우고 열매를 맺을 것이다.

우리가 바라는 것이 하나님의 현존일진대, 이 책은 우리에게 "토마토와 스쿼시 호박, 기러기와 박새"를 제시한다. 그것들이야말로 하나님의 현존이 활발히 이루어지는 자리이자, 우리가 우리의 손발로 하나님의 현존을 감지하고 생생히 만질 수 있는 자리이기 때문이다.

2000년 9월

마거릿 실프 Margaret Silf

머리말

내 어린 시절의 기억은 정원으로 가득하다. 그래서인지 중년에 접어들어 정원 일에 관한 명상 글을 쓰고 싶어진 것도 놀랍지는 않다. 내 아버지 아르멘 구로얀[Armen Guroyan]은 매사추세츠의 브리지워터에서 성장했고, 조부 스테판[Stepan]은 포르투갈 사람, 이탈리아 사람, 리투아니아 사람, 아르메니아계 이민자가 일하는 구두 공장에서 일했다. 나는 다섯 살이 되기 전까지는 양친과 동생 마이클[Michael]과 함께 뉴욕의 뉴로셀에 자리한 아파트에서 살았다. 다섯 살 때, 우리 가족은 코네티컷의 스탬퍼드로 이사했다. 뉴로셀에서 브리지워터로 향하던, 길고 지루한 자동차 여행이 생생히 생각난다.

조부모는 2층짜리 목조주택의 2층을 임차했다. 주위에 상당히 넓은 땅을 거느린 주택이었다. 할아버지는 누군가 다른 사람의 닭장 옆에 채원(菜園)을 일구었다. 그 밭 한가운데 낡은 목조 창고가서 있었고, 그 안에는 작업장과 비둘기 집 그리고 할아버지의 정원 용구가 있었다. 창고의 곰팡내는 어머니의 향수 냄새, 스탬퍼드의 우리 집 곁에서 자라던 장미와 라일락 냄새, 교회에서 살라 바치던 향 냄새만큼이나 강하고 생생하게 기억난다.

우리가 뉴로셸에서 생활하던 시절, 아버지는 정원을 일구지 않았다. 하지만 우리 집 자그마한 뒤뜰－내 친구 스티비 피시킨Stevie Fishkin네 집에 인접해 있었다－에는 나만의 장소가 있었다. 내 "정원" 옆에는 여름철에 고마운 그늘을 드리우는 키 큰 나무가 자랐다. 나는 그 정원에 포도나무 몇 그루를 심고, 남들이 잡초라고 부르는 들꽃들도 옮겨 심었다. 나는 무당벌레, 풀쐐기, 지렁이 등 작은 동물들도 보살폈다. 보살폈다고 생각하는 까닭은 그들이 자유롭게 살도록 했기 때문이다.

스탬퍼드의 우리 집에는 약 2,000㎡의 땅이 딸려 있었다. 그 집으로 이사하자마자, 아버지는 땅 구석구석에 채원과 화단을 일구었다. 아버지는 특히 양지바르고 배수가 잘되는 지점에 큰 밭을 일구고, 거기에 토마토, 피망, 가지, 옥수수를 심었다. 아침이면 내가 기르는 기니피그를 밭에 풀어주고, 저녁이면 휘파람을 불어 집으로 불러들였다. 아버지는 안마당의 한 모퉁이, 곧 부분적으로 그늘이 드는 낮은 구석에 좀 더 작은 밭을 일구고 오이와 스쿼시 호박을 심었다. 한 해는 싹쓸바람으로 90㎝ 높이의 물결이 정원을 덮쳐서 오이, 스쿼시 호박과 함께 헤엄쳤던 적도 있다. 어머니는 기다란 현관 베란다의 가장자리에, 그리고 우리 집 안마당과 윌슨^{Wilson} 씨네 안마당을 가르는 울타리를 따라 한해살이 꽃과 여러해살이 꽃을 심고 가꾸었다. 아버지는 할아버지 댁의 장군풀[1] 가운데 몇 뿌리를 캐서

---

[1] Rhubarb. 대황(大黃)으로도 불림.

우리 집 뒤뜰 화단에 옮겨 심었다. 봄이 되면 나는 장군풀의 진홍색 줄기들을 설탕에 절였다가 청량하고 달콤하고 새콤한 주스를 마시곤 했다. 장군풀의 후예들은 지금 메릴랜드의 레이스터스타운에 있는 내 정원에서 자라고 있다. 내가 장차 아내와 새집으로 이사하더라도 그들 역시 우리와 함께 다니게 될 것이다.

그러나 할아버지의 정원과 아버지의 정원보다 빼어난 정원은 마노크^{Manoog}라 불리는 인물의 파라다이스 정원이었다. 그 정원은 높임 화단(raised-bed)으로서 관개 시설을 갖추고 있었다. 우리는 브리지워터로 여행할 때면 언제나 그의 정원을 방문하곤 했다. 마노크는 아르메니아식(式) 이름으로 "작은 사내아이"를 의미한다. 하지만 내가 기억하기에 마노크는 키는 작아도 강인한 노인, 굳은살이 박인 큰 손의 소유자, 데님 천으로 된 멜빵바지와 체크무늬 셔츠를 입고 자신의 정원을 요정(妖精)처럼 빠르고 날래게 돌아다니는 사람이었다. 마노크 남작의 정원-그 정원 때문에 우리는 그를 남작이라고 불렀다-에서 자라는 푸성귀들과 꽃들은 우리 할아버지 정원과 아버지 정원에서 자라는 것들보다 두 배는 크고 아름다웠다. 마노크 남작은 자신이 아끼는 로드아일랜드 암탉들의 똥거름을 신뢰했다. 그는 일찌감치 유기농법(organic gardening)을 실천하는 사람이었다.

아직까지도 아버지는 내 정원을 보시며 "마노크 남작이 자랑스러워하겠어!"라거나 "마노크 남작과 똑같아!"라고 말씀하시는데, 이는 최고의 찬사이다. 마노크 남작의 정원은 내 유년 시절의 상징이다. 그곳은 내 모든 감각을 일깨운 풍요로움과 색깔, 저항할 수 없는 냄새와 향기, 달콤함과 얼얼함이 자리한 곳이다.

내 정원은 내가 살아온 세월의 척도로서 지금도 나는 정원에서 생명과의 확고하고 구체적인 유대감을 경험하고 있다. 하지만 막상 글을 쓰고 나서야 내 인생에 그리고 다른 많은 사람의 인생에, 심지어 대학사회에 몸담은 동료들의 인생에 정원이 얼마나 중요한지를 깨닫기 시작했다. 정원이 없었더라면 나나 그들은 깨어 있는 시간 내내 책 속에 파묻혀 지냈을 것이다.

대략 5년 전, 나는 생태학과 동방정교회에 관한 회의를 위해 발표문을 준비해달라는 부탁을 받았다. 회의에 참석하기 전 몇 주 동안, 나는 토마토 지지대들을 뽑아내고, 아스파라거스를 잘라내고, 내한성이 떨어지는 다년생 식물들을 월동용 짚으로 덮어주느라 바쁜 나날을 보냈다. 그 와중에 회의석에서 말할 내용을 생각하다 정원을 주제로 떠올렸다. 그렇게 나는 이 명상 글 가운데 첫째 편을 썼다. 그러고는 단편을 『더 크리스천 센추리』The Christian Century 지(誌)의 데이비드 하임David Heim에게 보여 주면서, 교회력의 순서에 따라 "그리스도교 정원사"라는 제목으로 쓴 일련의 에세이를 게재해보지 않겠느냐고 제안했다. 일곱 편의 명상 글 가운데 네 편은 1996년에 『더 크리스천 센추리』에 게재되었고, 몇 편은 다른 제목으로 게재되었으며, 그 뒤에는 모두 개작되었다. "그리스도교 정원사"라는 제목으로 게재된 글은 "낙원 상속하기", "사순절 봄", "오순절의 열매들", "정원 속 마리아"다. 그 글들에 먼저 관심을 기울여주고, 이 책에 실을 수 있도록 허락해준 데이비드 하임과 『더 크리스천 센추리』에 감사의 뜻을 표한다.

지난 몇 해 동안, 나는 여러 사람에게서 이런 말을 들었다. "『더 크리스천 센추리』에 실린 단편들을 재미있게 읽었어요. 그 글들을 가족, 친구들과 함께 읽었어요." 많은 사람에게 정원은 피정과 기쁨과 노고가 자리하는 개인 공간이다. 그들은 정원 일을 하며 마음을 가라앉힌다. 이는 기도 활동과 아주 흡사하다. 부자에게든 가난한 사람에게든 -빈부는 중요하지 않다- 정원은 몸과 영혼이 조화를 이

루는 공간이다.

    이 명상 글들은 상당히 개인적인 것들이다. 하지만 나는 내면생활을 글들에 까발리면서도 기분이 언짢지 않았다. 마치 친구나 방문객을 데리고 산책하면서 "진짜"를 찾아가는 것 같았다. 나는 출판사의 배려로 이 글들을 더 많은 사람과 함께 읽는 기회를 가질 수 있었다. 그들은 일생토록 정원과 더불어 살아온 사람들이었다. 그런 까닭에 나는 처음부터 이 작품에 각별한 관심을 기울여준 어드만스Eerdmans 출판사의 편집장 존 포트Jon Pott와 어드만스 출판사에 몸담고 있으면서 정원사로서 이 책을 멋지게 만들어준 앤 샐식Anne Salsich에게 감사의 뜻을 표하고 싶다.

    이 책에 실린 글은 오늘날 그리스도교 영성 부문으로 분류될 것이다. 그런데도 나는 이 명상 글들이 불명료하거나 난해하다고 생각하지 않는다. 오히려 이 명상 글들은 구체적인 내용과 일상적인 내용을 담고 있으면서 진정으로 신학적인 글들이다. 그것들은 내가 실제로 하나님을 어찌 생각하는지, 내가 그분의 피조물과 어떤 관계를 맺고 있는지를 말하는 글들이다. 이 명상 글들을 집필하는 것은 하나님과 자아와 세계를 발견하는 과정이기도 했다. 나는 직업상의 글을 쓸 때보다 나 자신의 이야기와 내가 표명한 것에 더 많이 놀랐다.

나는 이 명상 글들을 통해 그리스도교 신앙의 땅성(earthiness)과 성례전적 성격을 표현하려고 애썼다. 나는 계절의 순환에 따라 정원에서 겪게 되는 시간 경험과 공간 경험을 통합하고, 이 근본적인 경험을 교회력의 순환과 결부시키려고 하였다. 하지만 나에게 교회력의 순환을 통찰하게 하고, 교회의 기념일들을 깊이 경험하게 해준 것은 정원이었지 그 반대가 아니었다.

이 책을 집필하는 동안 나의 정원 경험은 끊임없이 변했다. 나는 정원 일의 의미를 온전히 깨달았다고 생각한다. 그런 이유로 지금 정원에서 전보다 더 많은 기쁨과 즐거움을 누리고 있다. 이 책을 읽는 독자 여러분도 이와 비슷하게 보상받기를 진심으로 바란다.

1999년 사순절
메릴랜드 레이스터스타운에서
비겐 구로얀^{Vigen Guroian}

차례

추천사 6

서문 8

머리말 12

1 낙원 상속하기
모든 그리스도인은 정원사다 25

2 사순절 봄
슬픔의 정원에서 부활의 정원으로 47

3 오순절의 열매들
아무 공로 없는 내게 성령이 비처럼 내리다 63

4 변모
태양이신 분의 빛에 잠겨 79

5 정원 속 마리아
생명을 자라게 하는 샘 93

6 십자 표지를 단 정원
구원의 열매를 맺는 나무 105

7 한 해의 유소년기에
탄생 안에서 죽음을, 죽음 안에서 탄생을 119

감사의 말 138

일러두기

1. 도서와 잡지는 『 』, 시와 찬송가는 ' '로 표기했다.
2. 본문에서 굵은 글씨로 표기된 부분은 지은이가 강조한 부분이다.
3. 옮긴이주는 각주로 표기했다.
4. 이해하기 쉽도록 옮긴이가 한자를 표기한 부분도 있다.
5. 성모 승천 대축일은 정교회와 가톨릭교회에서 지키는 절기다. 개신교에서는 성모 승천을 인정하지 않는다.

1장

낙원 상속하기

모든 그리스도인은 정원사다

정원은 매력적인 것, 하나님은 아시지!
장미 구역,
테를 두른 연못,
고사리 우거진 바위굴 -
더없는 평화의
학교. 그런데도 어리석은 자는
하나님이 아니 계신다고 주장하지 -

날이 저물어 서늘할 때 하나님이 정원을 거니시지 않는다고?
천만에, 내게는 자취가 있지.
하나님은 확실히 나의 정원을 거니시지.

토머스 에드워드 브라운 Thomas Edward Brown
'나의 정원 My Garden'

나는 신학자이자 대학교수다. 둘 다 마음에 들지만, 내가 하기 좋아하는 것—내가 하면서 최상의 기쁨을 얻는 일—은 정원 일이다. 신학보다는 정원 일이 신심에 더 가까운 것 같다. 내가 정말 바라는 것은 하나님의 현존이다. 하지만 나에게는 토마토와 호박도 필요하고, 겨울철에 땅에 떨어진 씨앗을 즐겨 먹는 기러기와 박새도 필요하다. 기러기와 박새는 모를 테지만, 나는 그들이 내 정원의 일부라고 생각한다. 우리가 정원을 더 많이 일구었다면, 그 새들은 물론이고 공중을 나는 새들과 내 정원에서 빛을 발하는 다른 모든 새도 형편이 훨씬 좋아졌을 것이다. 나도 그들을 귀히 여기지만, 하나님은 그들을 더 귀히 여기시는 것 같다. 그래서 나는 봄에 씨를 뿌리면서 여름 햇볕의 열매 속에서 하나님을 맛보기를 바라고, 날개 달린 친구들도 볼 수 있기를 바란다.

황량한 1월에도 나는 얼어붙은 잿빛 대지를 바라보며 녹색 정원을 꿈꾼다. 예언자 에스겔은 다음과 같이 말한다. "이전에는 지나가는 사람들이 황폐하게 누워 있는 땅을 보았으나, 이제는 그 황폐한 땅이 경작될 것이다. 모든 사람이 말하기를, 황폐하던 이 땅이 이제는 에덴의 정원처럼 되었다고 할 것이다(겔 36:34~35, REB)." 이는 내가 정원을 일구면서 품는 바람이다.

하지만 내 말을 오해하지 않기를 바란다. 그러한 것들에 관한 한 나는 낭만주의자가 아니다. 나는 아이리시 세터[2]인 스칼렛을 데리고 장거리 도보 여행을 하면서 우리 집 인근의 아름다운 삼림지대와 초원지대를 가로지르곤 한다. 드문드문 자리해 있기는 하지만 바위가 많은 땅에서는 희귀하고 진기한 야생화들이 자란다. 낭만주의자들은 자신들이 자연에서 하나님을 발견한다고 말한다. 어쩌면 그럴지도 모른다. 하지만 자연에서는 하나님을 쉽게 발견할 수 없고, 자연

---

[2] Irish setter. 사냥개의 일종.

자체만 발견할 수 있을 따름이다. 그런데 자연환경은 죄가 초래한 무감각한 나태에서 우리를 흔들어 깨우는 놀라운 힘을 지니고 있다. 도보 여행을 할 때, 나의 오감을 자극하는 것은 숲속의 아름다움만이 아니다. 두 다리에 찾아오는 통증, 언덕 중턱을 오르면서 하게 되는 심호흡, 옷자락에 묻는 아침 이슬의 불쾌한 습기, 오후의 햇볕 때문에 이마에 맺힌 땀도 내 오감을 자극한다.

정원 일을 할 때도 대체로 그러하다. 3월이 되면, 나는 삽질과 괭이질을 하고, 차고 축축한 흙덩이 속에 완두콩과 양배추를 심는다. 6월이 되면, 완두콩과 양배추가 다 자라지만, 잡초들도 무성히 돋아나고, 벌레들도 찾아온다. 그러면 나는 낙원에 미치지 못하는 내 정원에 들이닥친 침입자들과 씨름할 수밖에 없다. 여름이 되어 태양의 열기가 이글거리면, 땀이 등줄기를 타고 줄줄 흘러내린다. 나는 에덴에서 쫓겨난 첫째 아담일 뿐, 낙원에 있는 둘째 아담은 아닌 까닭이다.

그리스도인이라면 익히 아는 사실이지만, 정원을 돌보는 동안은 하나님과 나릿나릿 걷는 게 불가능하다. 정원 일은 하찮거나 무의미하거나 보람 없는 것이 아니다. 쓴맛과 신맛을 본 뒤에야 과일처럼 달콤한 친교가 다가온다. 갈퀴질과 씨뿌리기와 김매기라는 고된 노력이 없으면, 신비적 기쁨도 있을 수 없다. 내 정원에서는 앵초보다 엉겅퀴가 더 잘 자라고, 내 몸에서는 죄가 정결보다 더 쉽게 자란다. 내 정원의 열쇠로는 다시 에덴의 문을 따고 들어갈 수 없다. 그렇지만 내 정원은 저 본향에서 떨어진 곳, 내가 이 세상의 틀 안에 있는 동안 노동으로 내 삶에 실체를 부여하는 곳이다. 탄생과 소생은 낙원을 미리 보여 주는 표지다.

17세기 작가 윌리엄 코울즈^{William Coles}는 다음과 같이 말한다. "(솔로몬이 경험에 의지해 말한 대로, 학문은 육체를 피로하게 하는 까닭에) 과도한 학문으로 피로하다면, 원기 회복에 정원보다 좋은 곳은 없다. 정원에는 기쁨만 있다." 대학교수는 공부에 대한 피로감을, 정원사는 정원에서 얻는 오감의 경험 가운데 코울즈가 말하는 기쁨을 느낄 수 있다.

오늘날 다수의 목소리는 그리스도교 신앙이 "우월한" 인간과 "열등한" 자연 사이에 장벽을 세우고, 과학을 장려하여 자연을 써먹기 위한 대상으로, 하나님의 도성을 건설하거나 적어도 교외에 이상향을 건설하기 위한 정복 대상으로 여기게 했다고 비난한다. 짐 놀맨Jim Nollman은 자신의 책 『정원을 일구는 이유Why We Garden』에서 이렇게 말한다. "자연은 우리의 삶 속에 살아 있으면서, 우리의 삶을 실재적인 방식으로, 영적 고양의 방식으로 조정한다. 그런데도 유대교와 그리스도교는 우리에게 그런 점을 가르치지 않는다. 우리는 나무들과 친하게 지내고, 다른 종을 권리를 지닌 동료로 여기고, 산을 살아 있는 것으로 여겨 그것과 관계를 맺고, 대기와 조화를 이루며 살고, 바다의 맥박이 우리의 혈관 속에서 뛰고 있음을 느끼는 것이 무슨 뜻인지를 배우지 못했다. 우리는 흙과 바위들과 대등한 교환 관계를 맺는 것이 무엇인지를 경험하지 못했다."

잘 모르지만, 놀맨은 사실에 충실하게 말하려고 했을 것이다. 하지만 성서적 신앙에 대한 그의 객관적 지식에는 한계가 있는 것 같다. 그렇지 않다면 하나님과 자연에 대한 시편 작가의 깊은 이해를 어찌 잊을 수 있겠는가?

> 하늘에서 주님을 찬양하여라.
> 높은 곳에서 주님을 찬양하여라.
> 주님의 모든 천사들아, 주님을 찬양하여라.
> 주님의 모든 군대야, 주님을 찬양하여라.

......

> 너희 모든 빛나는 별들아, 주님을 찬양하여라.
> 온 땅에서, 주님을 찬양하여라,
> 바다의 괴물들과 대양의 심연들아,
> 불과 우박, 눈과 얼음,
> 그분의 음성에 복종하는 세찬 바람아,
> 모든 산과 언덕들,
> 모든 과일나무와 삼나무들아,
> 들짐승들과 모든 가축,
> 기어 다니는 것들과 날아다니는 새들아.
>
> _시 148:1~3, 7~10, REB.

내가 정원 일을 할 때면, 흙과 땅속에 사는 벌레가 내 손가락 사이를 빠져나가고, 그러면 나는 내가 그들과 같은 소재로 지어졌음을 깨닫는다. 오이 덩굴을 자르면, 모세관을 타고 오른 물방울이 땅바닥으로 똑똑 떨어지고, 그러면 나는 혈액이 내 몸 구석구석에 흐르고 있음을 느낀다. 사람은 창조 세계 전체의 맥박에 몸으로 공명하며 진동하고, 정신으로 피조물을 의식하는 소우주다. 하나님은 죄로 인해 상처 입어 조화가 깨진 모든 것을 사람의 상상력과 의지를 이용하여 치료하고 조화시키려 하신다.

무성한 잎들과

낮게 숙인 풀을 품은

대지여, 아름다운 대지여, 아름다운 풍경이여,

간청하는 혀도 없고

느끼는 마음도 없으면서 간청하고,

그냥 존재하면서 내내 간청하는 하늘이여-

......

대지의 눈, 혀,

마음은 무엇이겠는가, 불굴의 선량한 사람이 아니면?

그것들이 어디에 있겠는가, 그런 사람 안에 있지 않다면?-

아, 제 이기심에 묶인, 제 욕구에 매인

상속자여,

우리의 풍요롭고 둥근 세상을 마구 약탈하여

헐벗게 하고,

아무도 그 이후의 세상에 개의치 않으니, 이 상황이

대지의 가파른 언덕에 그만큼의 돌봄,

보살핌과 소중한 관심을 기울일 것을 명하고 있느니.

_제라드 맨리 홉킨스 Gerard Manley Hopkins, '리블스데일 Ribblesdale'

내 아들 라피 Rafi는 사이버 공간에 흠뻑 빠져 있지만, 우리의 마음과 정신은 육체에서 분리된 것이 아니다. 우리는 몸이 있는 사람이다. 인터넷 항해는 우리에게 그 점을 가르쳐주지 않는다. 인터넷 항해는 우리를 속여, 몸과 장소를 갖는 것은 중요하지 않다고 여기게 한다. 정원 일은 우리에게 전혀 다른 가르침을 제시한다. 내가 말하는 정원 일은 기업농이 아니라, 누구나 자기 손과 발과 가장 단순한 도구를 이용하여 할 수 있는 일이다.

나는 미국 정교회 신자요 신학자다. 정교회 신앙은 성례전을 존중하는 신앙이어서 나는 성례전적 비전을 표현하려고 노력해왔다. 교회 신자들은 바닷가나 강기슭에서 물을 축성하는 의식을 거행할 때, 아르메니아 전례서에 쓰여 있는 대로, "온 세상의 청소부"였던 거룩한 사도들처럼 거행한다. 하나님은 아담과 이브를 낙원이라는 정원에서 내쫓으셨지만, 그 정원에서 발원한 생명수가 계속 온 땅을 적시며, 그 땅의 오염된 시내와 호수를 정화하게 하셨다. 우리는 물을 축성하면서 하나님의 은총에 감사하고, 세상을 깨끗하게 하여 낙원으로 만들기를 바란다.

물은 창조 세계의 혈액이다. 우리 몸은 80%가 물이다. 물은 세례의 요소이기도 하다. 성 토마스 아퀴나스^(Thomas Aquinas)는 이렇게 말했다. "물은 투명해서 빛을 받아들일 수 있다. 그러므로 세례에 물을 사용하는 것은 적절하다. 물은 신앙의 상징이기 때문이다." 물을 정화하는 것은 신앙을 또 한 번 맑게 하는 것과 같다. 물에서 악마적 오염 물질들을 제거하는 것은 하나님을 좀 더 잘 섬기는 것과 같다. 자연이라 불리는 정원을 돌보는 것은 또 다른 정원인 우리 자신을 돌보는 것이기도 하다. 우리는 물로 이루어져 있고, 물로 거듭나기 때문이다.

우리는 자연과 인간 사이에 선을 그어선 안 된다. 선을 그어 자연과 인간을 구분하는 것은 우리가 계몽주의에서 물려받은 현대적 이단에 지나지 않는다. 환경론자들은 인간 중심주의라고 비난하겠지만, 그리스도인들은 창조 세계를 돌볼 책임이 특히 인간에게 있다고 생각한다. 하나님이 그분의 창조물 가운데 인간에게만 만물의 선(善)을 마음속에 그리는 상상력과 그 선이 존중되는 것을 보는 이성적인 능력을 주셨기 때문이다. 창조 세계를 돌보는 것은 성령의 성전인 우리 몸을 돌보는 것에 못지않은 책무다. 하나님은 그 책무를 사람에게 맡기셨다. 그 책무는 모든 창조물에 대한 그분 자신의 위대한 사랑의 상징이다. 시리아 출신의 4세기 교부 성 에프렘^{St. Ephrem}은 『낙원의 찬가^{Hymns on Paradise}』에서 이렇게 말한다.

> 자신의 영예로운 지위를
> 자각하지 못하는 바보는
> 사람이 되기보다는 짐승이 되는 쪽을 택하지.
> 그래서 제 욕망만 채우다가
> 심판을 초래하지.
> 하지만 짐승들 안에도
> 분별력이 아주 조금은
> 뿌려져 있어서,
> 오래전에 야생나귀들이
> 탄식하며 슬퍼했지,
> 자신들이 사람이 아니어서.

성 에프렘은 생태계를 파괴하는 인간 중심주의를 좌시하지 않는다. 그는 인간이 창조 세계의 정복자라고 말하지 않으며, 인간이 창조 세계를 자신의 이기적 목적에 이용하거나 안락한 삶에 이용할 권리를 가지고 있다고 말하지도 않는다. 오히려 그는 모든 것이 하나님에게서 오고, 하나님의 변함없는 양육이 없으면 어떤 것도 존재할 수 없고, 어떤 것도 성장할 수 없음을 일깨운다. 성 바울은 이렇게 말한다. "심는 정원사나 물 주는 정원사가 중요한 게 아니라, 자라게 하시는 하나님이 중요합니다." 우리는 하나님의 정원에서 일하는 "동역자"이며, 우리 자신이 하나님의 정원이다(고전 3:7~9, REB). 따라서 하나님이 사랑하시는 모든 피조물 중 하나에 지나지 않는 우리는 겸손해야 한다.

우리 그리스도인의 삶은 당연히 "생태적(oikic)" 윤리성을 보여 주어야 한다. 그리스어 오이코스(oikos)는 집 혹은 거처를 의미한다. 이 단어는 영어 단어 "economy(경제학)"와 "ecology(생태학)"의 어근이다. 오이쿠메네(oikumene), 곧 창조 세계 전체야말로 교회의 윤리적 관심사다. 우리의 성육신 신앙은 인간과 창조 세계가 매우 아름다운 관계를 맺게 한다. 그 관계는 성례전의 관계, 생태적 관계, 윤리적 관계다. 빵과 포도주를 들어 올리는 성찬식에서 그 관계가 여실히 드러난다.

아르메니아 작가 테오티그Teotig는 1차 세계대전 때 아르메니아 사람들이 겪은 대량 학살에 관해 이야기한다. 터키 동부 에르제룸 시 인근 마을의 사제는 아쇼드 아베디안Ashod Avedian이었다. 강제 이주 기간에, 그 마을의 아르메니아 사람 4천 명이 가족과 헤어져 강행군을 하며 황폐한 지역들로 쫓겨났다. 죽음을 무릅쓴 행군 도중에 식량 공급이 끊어졌다. 그러자 아쇼드 사제는 사람들에게 일제히 "주께서 자비를 베푸시니"라고 기도하도록 지시한 다음, "저주받은" 흙을 성찬 삼아 삼키게 했다. 고대 아르메니아 교리문답서 『성 그레고리의 가르침Teaching of St. Gregory』은 이렇게 말한다. "이 마른 땅은 우리의 거처다. 우리 삶에 필요한 모든 도움과 음식물이 거기서 나고 자란다. 젖이 어머니에게서 나듯이, 우리의 성장에 필요한 식량이 거기서 나서 우리에게 온다."

테오티그의 이야기가 일깨우는 대로, 우리는 대지에 속해 있고, 우리의 구원은 대지의 구원을 포함하며, 우리와 모든 피조물은 대지에서 나서, 대지를 통해 양육 받고, 하나님도 대지를 통해 우리를 구원하시려고 끊임없이 힘쓰신다. 물이 창조 세계의 혈액이라면, 대지는 창조 세계의 살이고, 공기는 창조 세계의 생기이며, 이 모든 것은 불타는 하나님의 사랑으로 정화된다고 할 수 있다.

대지가 산물을 내려면, 물과 공기와 빛과 태양의 열기가 있어야 한다. 정원사라면 누구나 그 점을 알고, 과학이나 장치의 통제로는 그 요소들의 적절한 조합을 이룰 수 없음을 인정할 것이다. 그 요소들을 적절히 조합하는 것은 정원 일이 발휘하는 지혜이자, 정원 일이 떠안는 고충이다. 하나님의 풍부한 은총이 없으면, 하나님의 창조 세계도 존속할 수 없다. 하나님은 인간에게 하나님의 은총을 전달할 신성한 책무, 곧 하나님의 은총을 표현하여 고대에 아담이 받은 저주를 풀고, 모든 생명과 대지와 대지의 물과 공기에서 악마를 내쫓을 책무를 맡기셨다. 우리는 끊임없이 가능하다고 생각하겠지만, 인간의 과학이나 기술로는 그런 일을 이룰 수 없다.

그러니 우리는 바람직한 정원사가 되어야 하고, 자녀에게도 그렇게 되도록 가르쳐야 한다. 현대 그리스도인들은 대지의 "청지기 직"에 대해 많은 말을 하지만, 나는 우리가 그 단어가 의미하는 일종의 지배에만 치중해왔다고 생각한다. 우리에게는 다른 관점, 다른 은유가 필요하다. 성서는 우리에게 정원이라는 상징을 제시한다. 아담과 이브는 정원 한가운데 놓였고, 그곳에서 하나님과 함께 거닐되, 정원 일을 할 필요는 없었다. 정원 일은 그들이 죄를 지어 추방되면서 시작되었다. 정원 일은, 우리 인류가 죄로 말미암은 창조 세계의 손상을 바로잡을 책무와 역할을 근본적으로 받아들였음을 상징한다.

아르메니아 전례서는 인간을 하나님과 함께하는 "공동 창조자"라고 부른다. 이 표현은 무슨 뜻인가? 하나님과 동등하다는 것은 확실히 아니다. 하나님만이 홀로 창조주시다. 우리는 글자 뜻 그대로 공동창조자가 아니라, 성사(聖事)에 이바지하는 정원사들이다. 우리가 정원 일을 하는 이유는 우리 자신과 여타의 피조물에게 먹을거리를 공급하려는 것이지만, 우리는 정원의 산물을 이용하여 성찬용 빵을 만들기도 한다. 아르메니아의 십자가 세정 예식 청원 기도문에서, 사제는 이렇게 청한다. "주님, 이 물을 밭에 뿌릴 수 있도록 거룩한 십자가로 정하게 해주십시오. 우리는 이 물을 흩뿌린 밭의 수확물에서 고운 가루를 얻어 주님께 거룩한 예물로 바치겠습니다."

정원의 산물은 우리의 먹을거리에 국한되지 않는다. 모든 정원은 상상 이상의 것, 곧 아름다움을 보여 준다. 순무 정원은 튤립 정원보다 수수해 보이지만, 그 속에도 아름다움이 자리한다. 모든 정원에는 우리에게 낙원의 맛을 보여 주는 잠재력이 있다. 이따금 우리의 개인적 수고를 요구하지 않는 은총으로 다가오기도 하지만, 낙원 맛보기는 누군가가 어딘가에서 정원을 일구려고 수고하며 땀을 흘렸기 때문에 가능한 것이다. 일말의 고투 없이 환희는 있을 수 없다.

예수께서는 정원에서 기도하시고, 그곳에서 고뇌하시며, 자신의 눈물로 그곳을 적시셨다. 십자가에서 찢긴 그분의 육신도 정원에 묻혔다. 그분이 십자가에 달려 운명하시자 울며 그분의 몸에 기름을 발랐던 여인들은, 그분이 십자가에 못 박히시고 사흘이 지난 뒤에, 그 정원을 다시 찾아가, 자신들이 심으려고 애정을 기울여 준비했던 씨앗이 이미 달콤하고 향기로운 열매가 되었음을 알게 되었다. 모든 정원은 그리스도의 정원인 낙원을 모방한 것이다. 그리스도께서는 자신을 맞아들이는 사람들의 마음속에서 손수 낙원을 일구신다.

> 오늘도 우리는
> 가시나무 우거진 이 세상의 밭에서
> 하나님이 저 저주들에도 불구하고 주신
> 밀 이삭들을 볼 수 있지.
> 가시나무들에 싸여서도, 알곡들은 태어나
> 바람에게 감사하지.

이 모든 일을 하실 수 있는
가장 높으신 분의 뜻대로,
산들바람은 그 알곡들을 양육하고,
어머니의 젖가슴처럼 그것들을 키우니,
이는 영적 존재들이 어떻게 양육되는지를
예표로 보여 주려는 것이지.

_성 에프렘, 『낙원의 찬가』

우리의 지상 정원에 생명을 불어넣는 관능적 산들바람은 낙원의 정원에 감도는 영적 산들바람의 예표다. 산들바람은 사람과 짐승이 거주하는 가장 혹독하고 메마른 지역들에도 드나든다. 성 에프렘이 말한 대로, 그것은 "우리의 이 땅에 자리한 저주를 누그러뜨린다."

낙원의 정원은
오래도록 몸져누운
이 병든 세상에
생명을 주는 숨결이지.
그 숨결은 우리의 죽을 운명을 치료하기 위해
생명의 치료제가 보내졌다고 선포하지.

_『낙원의 찬가』

끝으로, 하나님도 각 사람 안에 희망의 씨를 뿌리셨다. 적절히 양육되기만 한다면, 그 씨앗은 '모든 것이 다 잘될 것이다, 온갖 종류의 것이 다 잘될 것이다'라는 확신으로 자랄 것이다. 하나님의 숨결은 가장 작고 외진 정원과 인간의 마음속에까지 도달하여 활기를 불어넣는다. 게다가 하나님의 숨결은 구원을 일으켜주신다. 이 세상의 정원에서는 아네모네와 장미가 자라지만, 낙원의 정원에서는 아네모네가 십자가의 보혈 없이 자라고, 장미는 가시가 없다. 아르메니아 주현절 찬송가는 물을 축성하면서 이렇게 선언한다. "정원이 오늘 인류에게 나타났으니／ 우리는 의로움을 소유하여 영생하도록 하자／ 닫히고 잠긴 정원 문이 오늘 인류에게 열렸다."

모든 그리스도인은 정원사가 되어야 한다. 그래야 자신은 물론이고, 성령의 최종 추수를 고대하며 신음하는 모든 피조물도 낙원을 물려받을 수 있다. 우리는 장차 죽은 나무 십자가에도 꽃을 피우게 하시는 분과 함께 거닐 것이다. 우리 그리스도인들이 진실로 이 희망을 소중히 여긴다면, 우리는 대가이신 그분의 기법을 본받아 황폐한 땅을 푸릇하게 만들어야 한다.

2장

사순절 봄

슬픔의 정원에서 부활의 정원으로

바람이 들판을 괴롭히니,
눈 덮인 지면이 본 모습으로 돌아가네,
돌아가고 돌아가네, 본 모습으로,
상처를 핥는 짐승처럼.

보이느니 하늘도 빛도 흰색 천지였거늘,
도랑에서는 갈색 박주가리 꼬투리만
아래위로 움직이고, 광대한 조수(潮水) 위에는
작디작은 갈색 쪽배가 있네.

푸른 움이 하나라도 돋아나면
나는 회복되리라⋯.

그때 생각하라
흔들흔들하는 참제비고깔을,
버건디색 백합의 혀로 다가가는 꿀벌을.

제인 케니언 Jane Kenyon
'2월, 꽃들을 생각하다' February: Thinking of Flowers

눈이 녹아서 대지가 아직 축축하고 차가운데도, 나는 여러해살이 화초가 심긴 화단의 가장자리에 무릎을 꿇고 크로커스와 수선화의 푸른 첫 움이 돋아나기를 간절히 바란다. 채원(菜園)으로 옮아가서 지난해의 묵은 덩굴들을 걷어내기도 하고, 아스파라거스의 잿빛 죽은 순을 내려다보며 한 달 뒤 멋지고 푸릇한 새싹들이 두둑을 뚫고 솟아오르는 모습을 상상하기도 한다.

올봄은 더디게 왔다. 그래도 해야 할 일은 있다. 채원을 갈아엎어 고르고, 다년초 화단을 담요처럼 덮고 있는 밀짚들도 치우고, 묵은 잔가지도 잘라주어야 한다. 정원사는 봄을 알리는 첫 조짐들을 일종의 저항할 수 없는 초대, 곧 대지를 또 한 번 낙원으로 만들라는 초대로 여긴다.

정원 일과 영성 생활은 닮은 구석이 아주 많다. 에벌린 언더힐Evelyn Underhill이 말한 대로, 대지와 우리 삶의 영적 토양을 일구는 데는 적절한 방법도 있고, 부적절한 방법도 있다.

흔히들 열심히 갈퀴질을 하는 것이 다년초를 심은 화단에서 성가신 잡초를 근절하는 최상의 방법이라고 생각하지만, 우리는 그런 생각을 염두에 두어선 안 된다. 우리는 대뜸 뛰어들어, 땅을 사방팔방 격렬하게 파 뒤집고, 잡초를 잡아 뽑아 거대한 더미를 만든 다음, 오전 일과를 근사하게 마쳤다고 말하며 만족감을 표한다.

하지만 그것이 정말 근사하게 해낸 것일까? 그것은 가장 좋은 다년생 식물들의 뿌리들을 교란하고, 새싹의 일부를 부러뜨리고, 어린 모종들을 뿌리째 뽑아낸 것에 지나지 않는다. … 우리는 잡초들을 서둘러 잡아 뜯다가 밑동을 땅속에 남겨 두고 만다. 그러면 잡초들은 왕성한 삶을 다시 시작한다.

_그레이스 아돌프슨 브레임Grace Adolphsen Brame 편,
『영의 길The Ways of the Spirit』

노련한 그리스도인 정원사는 자연의 봄처럼 영적인 봄이 확실히 다가옴을 알고 있다. 사순절 봄은 기도, 단식, 회

개로 부르시는 하나님의 초대다. 뿌리 깊은 엉겅퀴처럼, 우리의 악습 가운데 일부는 가장 끈덕지고 검질기고 열성적인 수련을 제외하고는 모든 것에 저항한다. 뿌리를 확 잡아당기거나, 괭이를 내려쳐도 소기의 목적을 달성할 수 없다. 인내심이 필요하고, 무릎을 꿇고 손갈퀴와 모종삽으로 조심스레 일하려고 하는 겸손한 마음 자세가 필요하다. 그리스도인 정원사는 영혼의 토양에서 죄를 끈기 있게 골라내고, 영혼의 토양을 신중하고 조심스럽게 갈아엎어, 믿음이 새록새록 자라게 한다.

그리스도인 정원사는 하나님이 각각의 영혼에게 "바람직한 정원"이 되라고 명령하신다는 점을 중시한다. 언더힐은 이렇게 권고한다. "그대의 일은 그대의 영혼을 되도록 선하게 하는 데 국한된다." 우리 가운데는 장미 정원의 방식으로 명상에 잠기는 사람도 있고, 토마토밭처럼 좀 더 현실적이고 활동적인 사람도 있다. 그리스도인 정원사는 하나님의 선행 은총을 고려하며 구원에 협력하듯이, 식물들의 본성을 주의 깊게 연구하여, 각각의 식물을 알맞게 돌본다.

내가 사는 곳은 척박한 땅이다. 채원을 처음 일구던 때가 생각난다. 내가 찾아간 곳은 표토(表土, 겉흙)의 흔적을 찾아볼 수 없는, 이판암(shale)과 사암(sandstone)만 있는 곳이었다. 다량의 거름과 퇴비를 들여 채원을 비옥하게 만들었다. 지금도 봄만 되면, 나는 겨우내 작은 돌들이 자라기라도 했다는 듯이 돌덩이를 여러 들통 파낸다. 그러고는 새로 개간한 대지를 갈퀴로 긁어 이랑을 만들고 시금치, 갓, 비트 씨를 뿌린다. 나는 손끝에 사랑을 담아 각각의 씨를 대지 속에 들여보내며, 새로운 생명과 풍성한 녹색 정원의 성장을 기대한다.

> 사랑이 불타오르네,
> 씨를 뿌리노라니,
> 흙이 잡초로 변색되는 바로 그때에,
> 튼튼한 모종이 몸을 구부린 채
> 어깨로 제 길을 열고 나와 흙을 털며
> 탄생하는 모습을 지켜보노라니.
>
> _로버트 프로스트 Robert Frost, '씨 뿌리기 Putting in the Seed'

그리스도인은 사순절 봄에 기도와 단식으로 자아라는 흙, 곧 돌 같은 죄의 흙을 깨끗하게 하여, 예수의 구멍 난 마음과 피투성이 육신 속에서 탄생이 일어나도록 공간을 마련한다. "내가 너희에게 새로운 마음을 주고, 너희 속에 새로운 영을 넣어 주며, 너희 몸에서 돌의 마음을 없애고, 살의 마음을 주겠다(겔 36:26, NRSV)." 우리의 사랑과 수고가 하나님의 은총과 결합하면 가장 척박한 돌밭에서도 둥글고 붉은 비트를 키우고, 살갗처럼 부드러운 마음을 자라게 할 수 있다.

    비잔틴 시대의 한 찬송가는 "사순절 봄이 되면 회개의 꽃이 빛을 발하네."라고 말한다. 하지만 회개의 꽃은 우리가 죽이는 옛 자아의 죽음으로 비옥해진 토양에서만 자란다. 하나님의 아들이 우리의 죄를 무덤 속으로 가져갔고, 정원에 심긴 그분의 몸이 영생의 열매를 맺었다. 우리 가족이 고향으로 이사했을 때, 나는 야생벚나무 밑 그늘진 구석에 화단을 조성하고, 내가 아끼는 삼림지대 꽃들을 심을 공간을 남겨 두었다. 어느 이른 봄날, 나는 도보 여행 중에 새하얀 꽃이 핀 블러드루트[3] 군락을 발견했고, 그 가운데 일부를 그 벚나무 아래 옮겨 심었다. 그랬더니 이제는 봄만 되면 꽃을 피운다. 블러드루트는 무덤처럼 감싼 자줏빛 잎에서 곧장 태양을 향해 꽃대를 밀어 올린다. 해가 지는 무렵에

---

[3] Bloodroot. 혈근초(血根草)로도 불림.

는 가늘고 긴 손가락 모양의 꽃잎들을 기도 자세로 오므린 채 여명을 기다린다. 짧은 생을 다한 뒤, 이 순수한 꽃잎들은 져서, 자신들이 돋아났던 비옥한 갈색 땅으로 돌아간다. 그러면 그 자리에 심장 모양의 잎들이 밝은 주홍색의 약용 성분을 공급받아 돋아난다.

아르메니아의 세족 목요일 기도문은 그리스도께서 "그분의 풍성한 사랑"과 십자가에서의 죽음을 통해 우리에게 "회개라는 치료제"를 주셨다고 말한다. 사순절 봄 내내 나는 아침 해가 뜨면 잠에서 깨어나, 회개의 길을 성실히 따라 걷는다. 그 길은 나를 블러드루트의 새하얀 꽃과 치료용 연고로 이끈다. 블러드루트의 하얀 꽃잎들은 나에게 죄 없으신 어린 양, 나를 구원하신 하나님의 어린 양을 생각나게 하고, 그 꽃이 피도록 그늘을 드리우는 나무는 나에게 또 다른 나무 혹은 두 나무를 생각나게 한다.

> 에덴 한가운데서 싹튼 나무, 죽음을 싹틔워 낳는 나무 대신, 당신(그리스도)께서는 십자가라는 나무를 지고 골고다에 오르셨습니다. 죄에 빠져 무거운 짐을 지고 있는 제 영혼을 받아주시고, 그것을 어린 양인 듯 당신 어깨에 짊어지시어, 천상의 약속 장소로 데려가 주소서.
>
> _성 네르세스 St. Nersess의 성금요일 찬송가 '이 황송한 날 This Ineffable Day'

사순절 예배에서 중요하게 여기는 주제는 아담과 이브가 기쁨의 정원에서 추방되었다는 것과, 우리가 십자가를 통해 기쁨의 정원으로 돌아간다는 것이다. 비잔틴 시대의 사순절 첫째 주 화요일 저녁 기도 예식은 그 광경을 다음과 같이 표현한다.

옛사람이 낙원에서 쫓겨나 쓴 음식을 먹게 되었으니, 다시 한번 그리로 서둘러 들어가세. 정욕을 끊고, 우리 하나님께 외치세. '당신께서는 두 손을 십자가에 펼치시어, 신 포도주를 마시고 쓴맛을 보셨습니다. 당신께서는 대못의 고통을 참을성 있게 견디셨습니다. 저희 영혼에서 쓰라린 쾌락을 모두 뽑아내소서. 당신 안에 자리한 다정한 자비로 당신의 종들을 구하소서.

한때 그 나무의 열매를 먹음으로써 낙원에서 쫓겨난 몸이지만, 이제 저희는 당신의 십자가를 통해 낙원으로 복귀합니다.'

아르메니아에서 사순절 주일에 부르는 아름다운 선율의 찬송가는 에덴 정원도 상기시킨다. "그 정원에는 세 가지가 있었네, 아담과 이브와 주님의 다스리심이." 정원에 있는 선악을 알게 하는 나무의 열매를 먹는 바람에, 아담과 이브는 하나님이 더 완전한 삶을 영위하라며 주신 기회를 몰수당하고 말았다. 그들은 자신들의 죄로 인해 다른 모든 피조물이 맞이하는 것과 같은 죽음을 맞게 되었다. 그들의 죄는 하나님이 자기 형상대로 지으시고 불멸하도록 의도하신 사람들을 하나님 앞에서 영원히 갈라놓는다. 최초의 부부를 정원에서 추방하여 생명나무에 접근하지 못하도록 하신 것은 바로 그 사실을 의미한다.

낙원에서 하나님은 아담과 이브가 스스로 정원을 돌보는 것 외에는 노동을 요구하지 않으셨다. 그러나 그들은 자신들의 책무를 망각하고, 인간 스스로는 변화시킬 수 없는 자연의 엔트로피(entropy)에 종속되고 말았다.

사순절 봄에 이 엔트로피와 죄 많은 죽음의 과정이 역전된다. 사람의 모습을 한 말씀이 육체의 죽음을 맞고, 그 죽음의 자리에서 새롭고 더 풍성한 생명을 내신다. 사순시기에, 예수를 생명의 주라 부르는 우리는 그분이 세례받으셨던 요단강에서, 그분이 악마를 세 차례 물리치신 광야에 이르기까지 그분의 구속 여정을 되짚는다. 사순절 봄에 그리스도인들은 슬픔의 정원에서 부활의 정원으로 이어진 그분의 길을 따른다. 성금요일에 우리는 십자가에 달리신 그리스도와 함께 목마름을 겪는다. 우리는 기쁨의 정원에서 흘러나오는 생명수를 마시며 원기를 회복하고 싶어 한다. 하지만 그 정원으로 돌아가서 생명수를 마시려면, 먼저 우리 내면의 영적 광야를 통과해야 한다.

사순절과 성주간에 성부께서는 우리에게 성자와 나란히 걸으며 기도와 단식으로 죄를 던져 버리라고 손짓하신다. 나머지는 우리를 위해 성자께서 하셨다. 그분은 낙원 입구에서 우리를 맞이하실 것이다. 그분은 우리를 죽음을 거쳐 새롭고 영원한 생명으로 데려가실 것이다. 여전히 생명나무가 정원 한가운데 서 있겠지만, 저주는 사라질 것이다. 우리는 그 나무에 다가가서, 그 나무가 제공하는 생명을 향유하게 될 것이다. 예수께서 더없이 순수하고 거룩한 희생 제물로서 또 하나의 나무에 달리셨기 때문이다. 이것이야말로 그분의 자비이자 은총이다.

아르메니아 교회의 부활절 찬송가는 평주일 찬송가와 같다. 그리스도교 신앙 속에서 부활절은 평주일이고, 각각의 주간은 평상의 시간을 통해 정원으로 나아가는 여정이자 부활의 기쁨이기 때문이다.

좋은 소식을 전하는 음성이 여인들에게 노래했네.
그 음성은 나팔 소리 같았네.-
"그대들이 찾는, 십자가에 달리신 분께서 살아나셨다!…"

마리아가 정원사에게 외쳤네.-
"당신이 내 장자, 내 사랑을 옮겼나요?"
-"그 새는 살아나, 깨어 있는 존재가 되었다오."
천사가 성모에게, 그녀와 함께한 어머니들에게 널리 알렸네.
-"세상의 구원자 그리스도께서 살아나셨다!
그분께서 인류를 죽음에서 구해내셨다."

내 정원 통로의 밑바닥에는 내가 심은 보랏빛, 분홍빛, 흰빛의 히아신스가 자리하고 있다. 부활절 시기 내내 꽃과 기분 좋은 향기는 나를 정원으로 끌어당긴다.

이날 무덤에서
한 송이 빛나는 새 꽃이 피어났네.
영혼들이 꽃을 피우고, 여러 빛깔로 꾸며지고,
기운차게 녹색이 되었네.
영적인 봄에
신적인 빛이 개화했네.

_부활절과 부활절 시기에 부르는 아르메니아 송가

몇 해 전 여름, 아이들이 거북이 두 마리를 발견하여, 채소밭에 풀어주었다. 해빙기인 이듬해 2월, 나는 완두를 심으려고 젖은 땅을 파서 일구었다. 내 삽과 또 다른 삽으로 무거운 흙더미를 퍼 올리다 보니, 거북이 두 마리가 굴을 파고 내려간 채 겨울잠을 자고 있었다. 무례하게도 거북이들을 너무 일찍 깨운 셈이었다. 나는 그들을 성가시게 하지 않으려고 정원의 한쪽 구석에 다시 묻어 주었다. 아내는 거북이들이 죽을까봐 걱정했는데, 나는 (확신하지 못하면서도) 그리 생각하지 않는다며, 봄이 되면 그들이 지상으로 머리를 내밀 것이라고 우겼다. 그리고 그들은 부활절 주간에 밖으로 나왔다.

    백합과 히아신스는 부활을 상징한다. 나는 그 이유를 잘 안다. 하지만 나에게는 (부활을 상징하는) 거북이 한 쌍도 있다. 그들은 매년 가을철에 두 알의 거대한 씨앗인 양 내 정원에 자신들을 심고, 부활절에 자신들의 겸허한 머리에 흙 왕관을 쓰고 다시 살아난다. 무덤가의 여인들이 그랬듯이, 나는 놀란다. "그리스도께서 다시 살아나셨고, 사용한 적이 없는 무덤에서, 빛의 무덤에서 그리스도께서 깨어나셨기"

때문이다(평주일에 부르는 아르메니아 송가). 이제 그분은 우리를 기쁨의 정원으로 다시, 또다시 이끄신다.

3장

오순절의 열매들

아무 공로 없는 내게
성령이 비처럼 내리다

세찬 바람이 부는 듯한 소리에,
불의 혀 같은 모습에,
보라, 영(靈)이 되고
활활 타는 불꽃이 된 살과 피를,
그리스도의 이름으로
성부의 이름으로
세계가 바라는 것을 다시 얻으려고 노력하는 사절(使節)들을.

이 사람들은 자신들의 목숨 대신 죽음을,

자신들의 자랑 대신 치욕을,

두려움 대신 용기를, 의심 대신 신앙의 직관을 택하고,

성령의 능력에 기대어

죽음만큼 강하고,

죽음보다 더 강한 사랑을 택한 사람들.

크리스티나 로제티 Christina Rossetti
'세찬 바람 Rushing Wind'

봄이 되면, 그리스도께서는 희망을 새롭게 베푸셔서 우리의 불복종이라는 겨울을 밀어내신다. 육신이 된 신적인 말씀이 온갖 창조물을 새롭게 하신다. 그리스도께서는 당신의 찢어진 몸에서 흘러나온 피를 우리에게 뿌리신다. 그러면 우리의 삶은 이제 "물 댄 동산(정원)과 같게 되고", 우리는 "다시는 기력을 잃지 않을 것이다(렘 31:12, NRSV)." 생명의 주님이 묻혀 있던 정원에서 향긋한 바질과 향기로운 백합이 자라난다.

나의 임은, 자기의 정원,
향기 가득한 꽃밭으로 내려가서,
그 정원에서 양 떼를 치면서

> 나리꽃을 꺾고 있겠지.
> … 임은 나리꽃밭에서 양을 치네.
> _아 6:2~3, NRSV

나는 5월에 태어났다. 어린 시절 나는 그 사실이 좋았다. 5월이 되면, 겨울에 죽었던 모든 게 다시 소생한 것 같았다. 나는 단풍나무를 타고 올라가서, 포옹하는 가지들에 돋아난 움들을 보고 생일이 다가옴을 알았다. 안마당에서 자생하는 은방울꽃들lilies of the valley에 둘러싸여 기지개 켜는 것도 좋았다. 그 꽃들은 눈같이 흰 방울들을 울리면서 향기를 뿜어 봄의 도착을 알리고 있었다. 그때가 되면 아버지는 정원 일을 본격적으로 시작했다. 흙을 평평하게 고른 다음, 토마토와 피망 모종과 가지, 호박씨와 오이씨, 콩을 심었다. 채원 터는 바뀌고 있었고, 나는 그 터의 첫 소산-래디시와 아삭한 청상추 잎들-을 미리 슬쩍 맛보고, 장군풀(대황)의 부드러운 새잎들을 설탕에 절이기도 했다.

오순절은 종종 5월에 온다. 그리스도인들은 오순절에 푸른 잎과 꽃으로 교회와 가정을 장식한다. 구약성서에서 오순절은 첫 곡식 수확을 축하하는 축제였으나, 그리스도교의 오순절은 다락방에 모여 있던 사도들 위에 성령이 강림한 걸 기념하는 절기다(행 2:1~4). 그해의 봄철에 교회를 심었다며 성 에프렘은 다음과 같이 말한다.

> 하나님은 아름다운 정원을 심고,
> 정결한 교회를 세우셨네…
> 그분은 교회 안에
> 말씀을 이식하셨네…
> 거룩한 이들의 모임은
> 낙원을 닮았네.
> 모두에게 생명을 주는
> 그분의 열매가 날마다 낙원에서 수확되네.
> _『낙원의 찬가』

오순절에 성령이 교회 위에 비처럼 내렸다. 성령이 비처럼 내리는 사람은 누구나 낙원처럼 비옥한 정원이 된다.

참으로 많은 오순절이 있었다. 창세(創世) 때 "하나님의 영이 물 위에 움직이시어" 생명이 시작되었는데(창 1:2), 이는 교회의 오순절을 예시(豫示)한 것이다. 오순절은 성령이 만물을 새롭게 할 최후 심판의 날을 예기(豫期)하기도 한다. 그리스도인 개개인의 오순절은 그(녀)의 세례와 견신(堅信,

chrismation)⁴이다. 성령이 마리아를 방문한 것과 요단강에서 비둘기 형상으로 예수 위에 임한 것이 바로 그 예시이다. 이 모든 오순절은 낙원에서의 영원한 삶을 약속한다. 아르메니아 세례식에서 성령을 기리는 찬송가는 다음과 같이 선언한다.

> 성령(the Dove)이 높은 곳에서 보냄을 받아
> 큰 소리와 함께 섬광처럼 내려왔네.
> 제자들이 다락방에 앉아 있을 때,
> 그가 그들을 불로 무장시켰네.
>
> 영적이며 신비스러운 성령(the Dove)이
> … 하나님의 심원한 조언을 구하고

---

4 로마 가톨릭교회의 견진성사에 해당한다. 사제가 신자의 이마·눈·코·입·귀·가슴·손·발에 성유(chriein : '기름을 붓다'라는 뜻의 그리스어)를 부어주는데 성유는 주교가 축복을 내린 올리브와 발삼을 섞어 만든 것이다. 기름 붓는 의식을 할 때마다 "성령이 내리는 은사의 인치심"이라는 말을 한다. 이 의식은 비그리스 정교회 교인으로서 그가 이전에 받은 세례가 유효하다고 인정받는 사람을 그리스 정교회로 받아들일 때와 동방 정교회를 떠났던 신자를 다시 받아들일 때 갖는다. 견신은 각 입교자에게 개인적인 의미의 '오순절'로 여겨진다.

성부와 같은 모습을 하고서
장엄한 재림을 알리네.

지극히 높은 곳에서
성부로부터 흘러나오는 그에게,
성령에게 복을 맡겼으니,
그를 통해 사도들
불멸의 잔을 마시고
땅을 하늘로 초대했네.

헨리 미첼^{Henry Mitchell}은 그의 책『한 사람의 정원^{One Man's Garden}』에서 이렇게 말한다. "정원이" 모든 사람의 눈에 "아름다운 건 중요하지 않다." 그러나 "정원사가 정원을 에덴의 대체물로 여기는 것은 대단히 중요하다." 그의 말은 과장일 수도 있고, 신학적 진실일 수도 있다. 그리스도인 정원사에게 중요한 것은 자기 자아의 정원에서 아름다움을 보는 것이다. 우리네 완전의 모델은 아름다움(Beauty)과 선(Goodness)이지만, 그 아름다움의 특수한 면은 사람이 어떤 정원이 되느냐에 좌우되는 것 같다. 불은 하나여도, 그 혀는 여럿이다. 닛사의 성 그레고리^{St. Gregory of Nyssa}가 말한 대로, 성령(the Dove)은 "원형적인 아름다움"이다. 그리스도께서 세례를 받으실 때 비둘기가 강림한다. 이는 오순절에 다락방에 있던 사도들 위에 성령이 내려앉는 것과 같다. 17세기 시인 조지 허버트George Herbert는 '성령강림대축일Whitsunday'이라는 시에서 그 관계를 적절히 묘사한다.

친절하신 성령님, 내 노래를 들으시고,
당신의 금빛 날개들을 내 안에 펴셔서,
내 부드러운 마음을 오래도록 품으소서,
내 마음이 날개를 얻어, 당신과 함께 날아갈 때까지.

일찍이 사도들 위에 강림했던
그 불은 어디에 있나요? 그때 당신은
충만히 임하셔서 열린 집을 지키며,
열두 명의 선택받은 사람들 곁에서 참여자 모두를 즐겁게 하셨지요.

당신이 베푸신 선물들이 어찌나 화려한지,
땅이 하늘처럼 보이고,
별들이 임금을 받고 여기서 봉사해도 되는지를
알아보려고 내려올 정도였지요.

나는 세례를 받으면서 최초의 정원에 있던 뱀을 등졌고, 견신(堅信)을 받으면서 그리고 오순절을 맞이할 때마다 낙원에 있는 그 아름다운 새를 바라보고, 그 새의 노래를 귀여겨 듣는다. 그 새의 선함은, 눈으로 보고, 귀로 듣고, 부르심에 마음을 여는 모든 이에게 주는 선물이다.

아담과 이브는 낙원에서 추방되었다. 하지만 낙원의 기억은 남아 있다. 정원사들이 자신의 안마당에 낙원을 재현하려고 하는 건 그 때문이다. 정원 일에 힘쓰는 그리스도인은 안다, 최초의 부부가 받은 저주와 금지가 부활절에 풀린다는 것을. 봄의 한창때인 오순절 무렵, 진달래와 붓꽃이 땅을 붉은색, 푸른색, 금색으로 타오르게 하면, 그는 상상 속에서 변형된 영토로 옮겨진다. "이 세상은 하나님의 위대하심으로 가득 차 있다./ 그것은 조만간 불꽃을 터뜨리리라, 나부끼는 금박에서 번쩍이듯이(제라드 맨리 홉킨스, '하나님의 위대하심God's Grandeur')." 불의 혀들이 "땅을 하늘로" 초대하고, 라일락이 달콤한 향기를 바람에 실어 보낼 때, 그리스도인 정원사는 낙원 한가운데 선다.

자연의 주기 중 이맘때가 되면, 하나님은 모든 정원사에게 물리적 정원에서 성사를 경험할 기회를 주신다. 오순절에 부르는 아르메니아 성가는 다양한 꽃의 색으로 바뀐 대지를 기린다. 그 대지는 덕과 불멸을 의미한다.

> 이날 사도들 위에 강림한
> 성령께 감사하여라.
> 그분이 불을 담은 기적으로 그들을 무장시키시자,
> 그들이 여러 방언을 말했다.
> 그분이 거룩하게 강림하시자, 땅이 다시 꽃을 피웠다,
> 향기로운 장미와 제비꽃과 사프란을.

그리스도인 정원사는 사순절 봄에 기도와 참회로 자아의 흙을 일구고, 부활절 아침에 빈 무덤에서 정원사를 만난다. 그러고는 성령을 받고, 자신의 자아라는 정원에서 덕과 의로움이 자라기를 바란다.

> 부지런한 이들은 자신들의 열매를 들고
> 앞으로 달려가네,
> 낙원을 만나러,
> 온갖 열매로 찬란한 낙원을.

그들이 정원에 들어가네,
빛나는 행실을 가지고.
낙원은 보네,
의인들의 열매가
낙원의 나무들이 맺은 열매보다
훨씬 더 뛰어남을.

_성 에프렘, 『낙원의 찬가』

닛사의 성 그레고리는 자신의 아가 주석에서 이렇게 외친다.

보이는가, 꽃들이 피어나는 풀밭이? 보이는가, 향기로운 백합처럼 빛나는 순결함이? 보이는가, 수줍은 장미, 바이올렛, **그리스도의 감미로운 향기**가? 이것들로 화환을 만드는 게 어떤가? 지금은 이 꽃들을 따서 우리 자신을 치장할 때.

_닛사의 성 그레고리, "아가 주석 Commentary on the Canticle"

오순절에 성자께서는 성령을 대지 위에, 우리 각 사람 안에 보내신다. 아름다움이 우리 내면을 아름답게 한다. 우리는 저마다 꽃으로 바뀌어, 무한히 넓은 아름다움 속에서 나름의 열매를 맺는다. 아르메니아의 『성 그레고리의 가르침』은 이렇게 선언한다. "부족함이 없으신 하나님께서는 낙원의 일부인 사랑하는 이들, 그분을 가까이하는 사람들을 위해 그분의 나라를 마련하신다."

내가 어릴 적에, 우리 식구는 케이프 코드 양식[5]의 작은 집에서 살았다. 집의 한쪽 끝에는 오르막 계단이 침실들로 이어져 있었고, 침실들은 경사진 천장과 무릎 높이의 지붕창으로 덮여 있었다. 한쪽 창문 아래엔 키 큰 라일락 나무가 자라고 있었다. 어쩌다 무례하게 굴면, 부모님은 나를 내 방으로 보냈다. 눈물을 흘리며 계단을 급히 올라가면 향처럼 감미로운 향기가 나를 맞이했다. 그러면 나는 침대에 누워 기도드리곤 했다. 어린애 말투로 하나님께, 나를 용서해주시고 상황을 더 좋게 해달라고 요청하면서 내 기도를 라일락 향기에 담아 올렸다. 현재 내 침실 창문 아래에는 다른

---

[5] Cape Cod-style. 가파른 모양의 지붕과 주택 중간에 위치한 굴뚝이 특징인 건축 양식. 미국 매사추세츠 주 케이프 코드에서 발달했다.

라일락이 자리하고 있는데, 해마다 이맘때가 되면 보랏빛 꽃향기가 달콤한 놀라움으로 나를 맞이하며 유년 시절의 기도들을 떠올리게 한다. 나는 선함이 라일락 향기처럼 행위이면서 동시에 선물임을 배웠다.

사순절 봄 시기에 가장 중요한 것은 자아라는 토양에 우거진 불순종이라는 잡초를 제거하기 위해 힘껏 **고투하는** 것이다. 오순절 시기에는 우리 자신의 공로 없이도 하나님의 은총이 우리에게 내린다. 그것은 하나님의 무진장한 사랑이다. 6월에 나는 여러 종의 작약이 자라는 정원에 들어간다. 작약은 큼직한 담홍색 꽃들로 나를 놀라게 한다. 그들은 어디서 왔는가? 불과 한 달 전만 해도 그들은 땅속에 있었는데. 오호라, 그들은 3년 전에 심은 것들이자, 지난 3월에 마지막 눈이 내린 뒤 내가 골분을 뿌려준 것들이었다. 하지만 그 꽃들은 순전한 선물이다. 나는 그 꽃들을, 그들이 건네는 기쁨을 설명할 수 없다. 내가 정원 일에 들인 수고는, 내가 보고 냄새 맡고 느끼는 것과 관련이 없어 보인다. 할머니는 내가 정원에서 (어제도 본 바 있는) 두꺼비를 집어 들면, 두꺼비 등짝 여기저기에 돋아난 것 같은 사마귀가 내 손에 돋는다고 우기곤 했는데, 이걸 믿는 게 더 일리 있을지도 모른다.

오순절 시기에 우리는 성령이라는 선물을 받는데, 이는 크나큰 신비가 아닐 수 없다.

또한 너는 주님의 손에 들린 영화로운 면류관이 될 것이며,
네 하나님이 붙잡고 계신 왕관이 될 것이다.
너는 더는 '버림받은 자'라고 불리지 않을 것이며,
너의 땅도 더는 황폐한 땅이라 불리지 않을 것이다.
… 이는 주님께서 너를 기뻐하시며,
네 땅이 그분과 혼인 관계로 맺어질 것이기 때문이다.
_사 62:3~4, NEB

"성령의 열매는 사랑과 기쁨과 화평과 인내와 친절과 관대함과 신실과 온유와 절제입니다."라고 성 바울은 말한다(갈 5:22, NEB). 그것들은 오순절의 영적인 꽃들이다. 우리가 하나님의 영을 향해 마음을 열 때, 그것들은 우리 삶의 정원에서 꽃핀다.

4장

변모

태양이신 분의 빛에 잠겨

선하신 통치자, 빛의 창조자시여,
낮과 밤을 가르신 분이시여,
해가 바다 아래로 빠져서,
혼돈이 우리를 덮고 있습니다, 무섭게도.
오 그리스도시여, 신실한 영혼들에 다시 빛을 주십시오!

프루덴티우스 Prudentius

… 하나님이신 신적인 영은

자기 안에서 받아들이는

이들의 모습을 완전히 바꾸신다.

그분께서는 그들을 완전히 새롭게 하신다.

그분께서는 그들을 놀라운 방식으로 새롭게 하신다.

……

그분께서는 영원하셔서 영원을 주신다.

그분께서는 지지 않는 빛이셔서

그들 모두를 빛으로 변화시키시고

그들 안에 내려오셔서 머무신다.

그분께서는 생명이셔서, 그들 모두에게 생명을 수여하신다.

신신학자 성 시메온 St. Simeon the New Theologian
『신적 사랑의 찬가 Hymns of Divine Love』

나는 겨울에 정원 설계를 시작한다. 하나님께서는 노아에게 이렇게 약속하셨다.

> 땅이 있는 한,
> 뿌리는 때와 거두는 때, 추위와 더위,
> 여름과 겨울, 낮과 밤이
> 그치지 아니할 것이다.
> _창 8:22, REB

그러나 1988년 12월은 달랐다. 지진이 일어나 내 조국 아르메니아의 산들을 흔들었고, 노아의 방주가 상륙했던 그 땅 위에 죽음이 짙은 그늘을 드리웠다. 기나긴 겨울밤 맵찬

추위 속에서, 아버지들은 죽은 자식들을 놓고 울었다. 내 삶도 무시무시한 어둠에 잠겼다. 텅 빈 연옥의 시간인 밤이면 동트기 전까지 괴로운 불면으로 잠을 이루지 못했고, 음산한 낮에는 나 역시 아이들을 잃을지 모른다는 까닭 모를 불안과 무서운 공포에 종일토록 사로잡혔다. 시인 제라드 맨리 홉킨스의 표현 방식으로 말하자면, 나의 "심상 풍경"은 더는 정원이 아니라 건조하고 황폐한 골짜기였다. 바람이 끊임없이 불어와 써레질로 우묵하게 해놓은 골짜기.

노 스승이자 친구인 분이 몇 년 뒤 내게 말했다. 내가 그 겨울에 질식할 것 같은 우울감에 시달리면서 아이들을 잃을지 모른다고 느낀 것은 결코 비합리적인 두려움이 아니었다고. 아르메니아인 아버지들이 자녀를 잃을까 두려워하는 것은 합당했다. 1988년 12월, 아르메니아에 지진이 일어나 어린이들이 뒤틀린 땅과 무너진 건물 잔해에 묻히고 말았다. 그뿐이던가. 수 세기 동안 진행되다가 1915년에 절정에 이른 대량 학살과 집단 학살이 있었다. 외국인 아버지들이 한 민족의 영광과 증오 때문에 아르메니아인 자녀들을 학살한 것이다. 나는 스승이자 친구인 분의 조언을 잊지 않고 계속 위안을 삼았지만, 암담한 겨울의 공포와 고통이 떠오르면 지금도 밤잠을 못 이룬다. 그 기억들은 지금도 나의 정원

안으로 살금살금 들어온다.

그렇지만 1989년 겨울로 접어들면서 나는 봄을 기다리고, 좀 더 화창한 날을 기대했다. 하나님의 약속에 기대어, 다시 한번 따스하게 환대하는 해 아래서 땅을 파고 심게 되기를 바랐다. 나는 종자 카탈로그를 보면서 주문서를 작성하는 연례적 일과에 몰두했다. 하지만 막상 봄이 오자, 문밖으로 나가고 싶지 않았다. 다년초 화단에서 새로 싹트는 게 보였지만, 나는 낙원을 기대하지 않았다. 채원의 가장자리를 따라 걸었지만, 아무것도 심고 싶지 않았다. 봄마다 정원에서 소생을 희망하던 자아가 슬픈 기억이 되고 만 것이다. 그 겨울에 내 자아는 전년도의 바싹 마른 줄기처럼 시르죽은 상태였다.

마침내 3월 하순이 되자 나는 늘 하던 대로, 아버지와 할아버지가 하는 일을 지켜본 그대로, 채원으로 발을 끌고 가서 흙을 파 뒤집었다. 나는 로봇처럼 느린 동작으로 움직였다. 삽날을 밀어 넣을 때마다 매우 괴로웠다. 키 큰 나뭇가지들을 한데 묶어 덩굴 제비콩의 삼각대를 만드는 것도 거의 불가능한 노동이었다. 정원 안에 서 있었지만, 불가해하고 괴로운 내적 고통에 사로잡혔다. 목성의 중력에 영향을 받아 나의 내면이 짓구겨지는 것 같았다. 감각의 정원에는 천상을 닮은 것이 전혀 없었고, 태양으로 나를 괴롭히는 지옥만이 있었다. 나는 열기도 빛도 견딜 수 없었다. 그저 푸슬푸슬한 양토(壤土)에 벌레와 함께 묻혀 영원히 잠들고 싶었다.

바로 이것이 고대 창세기 저자가, 아담과 이브를 에덴에서 추방하여 생명 나무에 접근하지 못하도록 했다는 이야기를 전하면서 기술한 상태가 아니었을까? 바로 이것이 주 하나님이 아담에게 하신 말씀의 의미가 아니었을까? "땅이 너 때문에 저주를 받았다./ 너는 사는 동안 내내 수고를 하여야만, 땅에서 나는 걸 먹을 수 있을 것이다. 땅은 너에게 가시덤불과 엉겅퀴를 낼 것이다(창 3:17~18, NRSV)." 그러나 나는 여전히 다음과 같이 기도할 수 있었다.

> 빛의 창조주요 밤의 창조자이신
> 당신께서는 죽음 속에 생명을, 어둠 속에 빛을,
> 기다리는 사람들에게 희망을,
> 의심하는 사람들에게 인내를 주십니다.
> 훌륭한 지혜를 소유하신 당신께서는
> 죽음의 그늘을 아침으로 변화시키십니다.
> 당신께서는 영원한 새벽이시고,

지지 않는 태양이십니다.

_나레크의 성 그레고리^{St. Gregory of Narek}, 『강화^{Discourse}』 93.

그리스도 예수여, 내 영혼의 깊은 곳에서 이 어둠을 몰아내소서.

참으로, 좋은 건강을
스스로 얻고,
질병이 무엇인지를
마음으로 아는 사람은
유익한 것을 얻고
이로운 것을 알지만,
질병으로
누워 있으면서
좋은 건강이 무엇인지를
마음으로 아는 사람은
자기의 병으로 속을 태우며
마음으로 괴로움을 겪습니다.

_성 에프렘, 『낙원의 찬가』

1989년 봄, 그때의 나는 위의 두 번째 사람이었다. 몇 달을 더 기다린 뒤에야 나는 첫 번째 사람이 되었다.

4월 하순에 담당 의사가 적절한 약을 찾아냈고, 옥수수가 쑥쑥 자라서 해를 향해 비단 같은 소매를 뻗던 6월에 태양이신 분의 형언할 수 없는 빛이, 내 정신을 어둡게 하고 마음을 불안하게 하던 구름을 가르기 시작했다. 어느 날 나는 일곱 살 난 딸아이 빅토리아가 정원에서 콩깍지를 까는 모습을 보고, 무언가가 바뀌었음을 깨달았다. 나는 다시 정원에서 빛에 싸여 그 애를 사랑하며 기뻐하게 되었다.

7월에는 오이 덩굴과 호박 덩굴이 정원 지면에 녹색 화환인 듯 퍼져 있고, 붉게 익어가는 토마토들이 왕관의 루비처럼 은빛 지지대 사이로 슬쩍 엿보인다. 7월이 되고 열정이 돌아오자, 메마르고 황폐하던 내 자아가 흥미진진한 색깔들로 꽃을 피우기 시작했다. 변모의 시기가 왔고, 장미의 시기가 찾아왔다. "보석 같은 장미가 제빛을 내고 있어요, 보석 같은 장미가 제빛을 내고 있어요./ 웅대한 해의 광휘를 받고서, 웅대한 해의 광휘를 받고서(변화주일에 부르는 아르메니아 성가)." 산 위에서 장미가 변함없는 밝은 빛, 그늘 없는 빛을 비추어, 베드로와 야고보와 요한 사도들의 눈을 부시게 했다. "그들이 보는 앞에서" 예수의 "모습이 변하였다. 그 옷은 세상의 누구도 그렇게 희게 할 수 없을 만큼 새하얗게 빛났다(막 9:2~3, NRSV)." 변화주일에 부르는 아르메니아 교회 송가는 다음과 같이 알린다.

> 신적인 빛이 이날
> 산 위에서 빛났다.
> 다볼산이 기뻐하는구나, 아, 기뻐하는구나,
> 아, 기뻐하고, 기뻐하고, 크게 기뻐하는구나!
> 이날 다볼산이 꽃을 피워,
> 빛나는 꽃들로 가득 찼다.
> 예수께서 몸으로 꽃을 피우셔서
> 아담의 영광을 나타내셨기 때문이다.

다볼산에서 일어난 예수의 변모는 사도 세 명이 목격한 "외적인" 사건에 불과한 게 아니었다. 그것은 그들 **안에서 일어난** 사건이기도 했다(막 9:2~8). 잠깐이지만 소중한 순간에, 베드로와 야고보와 요한도 그 빛에 변모되었다. 그들은 하나님의 현존으로 가득 채워져, 영적인 눈으로 그리스도 안에서 자신들의 변화된 인성의 영광을 보았다.

과학자들이 알려준 대로, 자연에는 사람 눈에 보이지 않는 빛이 자리하고 있다. 태양은 광파(光波)를 방출하는데, 길든 짧든 간에 그 길이는 인간의 시야를 벗어난다. 태양이 주는 이 비가시광선과 온기가 없으면, 자연의 정원에서 아무것도 자랄 수 없다. 성인들은 말한다. 창조되지 않은 비가시광선[6]도 존재하는데, 그것이 없으면 또 하나의 정원인 우리의 자아도 살거나 꽃을 피울 수 없다고.

성서학자들은 계시록이 사도 성 요한의 작품인지를 놓고 의구심을 품을지 모른다. 하지만 그날 산 위에서 예수와 함께 형언할 수 없는 빛에 싸였던 그가 계시록에 다음과 같은 비전을 기록했다고 믿는 것이 영적으로 더 일리 있다.

나는 그 도성 안에서 성전을 볼 수 없었습니다. 전능하신 주 하나님과 어린 양이 그 도성의 성전이시기 때문입니다. 그 도성에는, 해나 달이 빛을 비출 필요가 없습니다. 하나님의 영광이 그 도성의 빛이시고, 어린 양이 그 도성의 등불이시기 때문입니다.

_계 21:22~23, NRSV

---

6 Uncreated Light. 하나님의 신비적 빛, 창세전부터 존재하는 빛.

천사는 또, 수정과 같이 빛나는 생명수의 강을 내게 보여 주었습니다. 그 강은 하나님의 보좌와 어린 양의 보좌로부터 흘러 나와서, 도시의 넓은 거리 한가운데를 흘렀습니다. 강 양쪽에는 열두 종류의 열매를 맺는 생명 나무가 있고, … 그 나뭇잎은 … 치료하는 데 쓰입니다.

_계 22:1~2, NRSV

모습을 바꾼 8월, 피망이 주홍색으로 변하고, 가지의 비단결 같은 보랏빛 껍질이 관능적인 빛으로 가물거릴 때, 푸른빛의 꽃고비가 하늘을 향해 뻗치고, 황금빛 해바라기가 태양의 왕관으로 변할 때, 나는 치유되었다. 산 위에서 "베드로가 예수께 말하였다. '랍비님, 우리가 여기에 있는 것이 좋습니다'(막 9:5, NRSV)." 이는 베드로가 변할 수 없는 빛, 그늘 없는 빛의 변화시키는 힘을 경험하고서 한 말이다. 그리고 그는 다른 이들을 위해 말하면서 그것이 좋았다고, 이 빛이 생명이었다고 외쳤다. 나는 8월의 태양 아래 정원에서 그렇게 느꼈다. 그곳에 있는 게 기분 좋았는데, 단지 좋은 것으로 그치지 않고, 그날까지 내가 알지 못했던 방식으로 좋았다. "그곳에서 … 나는 슬픔 없이 기쁨으로 찬양했다. … 하나님께서 항상 정원에 내려오시는 것을 보았기 때문이다. 그 정원을 통해 신적인 빛의 광휘가 내 영혼에 감동을 주었다(아르메니아 교회에서 사순절 첫째 주일 정오에 부르는 찬송가)." 나는 성 요한과 더불어 새 예루살렘을 믿고, 성벽들이 보석으로 장식되어 반짝이는 그 도시 안에 변모된 정원이 자리하는 것을 보았다. 나는 다시 희망을 품을 수 있었다.

베드로는 예수께서 모세, 엘리야와 함께하시는 모습을 보고서 거기에 초막 셋을 지어 빛을 담고 싶어 했다. 나는 부지불식간에 베드로의 소원을 이루어주었다. 나에게는 음울한 봄철이던 유월절 시기에 설치했던 삼각대들이 8월에 녹색 생명으로 짜인 반투명 초막, 아롱거리는 찬란한 빛-시간을 초월하여 제한 없이 넘치는 빛-으로 가득한 초막들이 된 것이다. 이제야 나는 태양이신 분의 빛에 잠겨 하나님의 영으로 가득한 정원의 초막들 한가운데 서서 베드로의 말을 입 밖에 내게 되었다. "주님, 내가 여기에 있는 것이 좋습니다!"

5장

정원 속 마리아

생명을 자라게 하는 샘

어서 오소서,
시들지 않는 장미를 홀로 돋아나게 하는 분이시여.
어서 오소서,
달콤한 향기의 사과를 맺으신 당신이시여.
어서 오소서,
유일한 왕의 꽃다발이자 세계 보존의 꽃다발이신 미혼 처녀시여.

어서 오소서,

순결의 보고여서, 우리를 타락에서 끌어올리시는 여왕이시여.

어서 오소서,

향기로운 향이시며 값비싼 몰약 기름이신 분이시여.

정교회의 『사순절 전례음악 Lenten Triodion』
지극히 거룩한 하나님의 어머니를 기려 부르는 비잔틴 아카티스토스 찬미가

8월 중순은 채원에서 토마토와 옥수수, 피망, 스쿼시 호박, 리마콩의 마지막 수확을 시작할 때이다. 나는 골을 촘촘한 간격으로 타서 돋우어 올린 두둑들에 푸성귀를 재배하는데, 8월이 되면 잎사귀들과 무르익은 열매들이 정원의 지면을 두툼한 누비이불처럼 덮는다. 울타리도 선녹색 화환과 황금빛 목걸이로 치장하고, 포도송이들도 자줏빛으로 익어간다.

나의 소년 시절에는 포도가 특정한 계절에 한하여 식품점에 도착했다. 그래서 어머니는 포도를 구매하려고 성모 승천 대축일을 기다리곤 했다. 그 시절의 나는, 포도를 축성하기 전에는 먹어선 안 된다는 엄격한 규정이 있을 거라고 짐작했다. 성모 마리아 승천 대축일이 8월에 있었기 때문이다. 그 축일은 성모의 영면(혹은 "잠듦")과 승천을 기념하는 날이다. 정교회는 마리아가 그녀의 아들처럼 부패하기 쉬운 죽음과 육체의 부패를 겪지 않고 곧장 하나님께로 들려 올라갔다고 믿는다. 그리하여 성모 승천 주일에 고대 유대교의 관례를 따라 가을걷이의 첫 열매들을 축성한다. 포도 축성 예식이 약속하는 것이 있다. "이 복된 열매를 통하여 우리는 하나님의 복을 아는 은총을 우리의 영으로 받고, 우리네 대죄의 용서와 사면을 받고, 생명 나무의 열매를 먹는 자격도 얻을 것입니다. … 그리하여 불멸의 존재가 된 우리는 불멸하는 이들의 왕국에서 성자와 성령을 지금 그리고 영원히 찬미할 것입니다."

성모 승천 주일에 부르는 그리스도교 찬송가들은 마리아를 불멸의 열매를 맺는 나무로 기술한다. 그녀는 포도나무요, "무진장한 기쁨의 근원"이다. 그 기쁨은 "지식을 알게 하는 나무의 열매를 따 먹어서 슬픔에 잠겨 있던 사람들"이 맛보는 기쁨이다. 그녀의 "큰 가지"에서 딴 "포도송이"는(성모 승천 대축일 정오에 부르는 아르메니아 찬송가) 즙으로 짜내어져 건강과 구원의 음료가 된다. 10세기 아르메니아 성인 나레크의 그레고리는 마리아를 "이브의 고통을 치료한 이"라고 말한다. 마리아는 "살아 있는 정원", 신성한 치료의 정원이고, 그녀의 아들은 비잔틴 아카티스토스 찬미가에 따라 "우리의 생명을 자라게 하는 정원사"다. 교회는 마리아의 아름다움과 순결함을 기려 아가를 부른다. 그녀는 거룩한 동정녀였고, 그녀의 자궁은 말씀이 방문한 첫 정원이었다. 그녀는 그리스도께 물을 공급한 생명의 샘이다.

> 나의 누이, … 나 그대에게 마음을 빼앗기고 말았다.
> 그대의 눈짓 한 번 때문에, 목에 걸린
> 구슬 목걸이 때문에.
> 나의 누이, 나의 신부야, 그대의 가슴은 참 아름답구나!
> ……
> 그대의 두 뺨은 석류 과수원,
> 고르고 고른 열매 가득한 과수원이로구나.
> 감송과 사프란, 창포
> 육계가 있고
> 유향나무도 있으며
> 몰약과 침향
> 최상의 향신료가 거기에 있구나.
> 나의 누이, 나의 신부는 문 잠긴 정원,
> 문 잠긴 정원, 막아 놓은 샘.
> _아 4:9~15, REB

허브 정원은 집 뒤편 베란다에서 이어지는 산책로를 따라 나 있다. 두어 걸음만 걸으면 바질과 베르가모트, 로즈메리와 타임, 배초향과 세이지 한가운데 서게 된다. 발걸음을 옮길 때면, 달콤한 향기와 맵싸한 향내가 난다. 부드러운 느낌의 연한 파란색, 분홍색, 흰색 꽃들에서 빛이 난다. 벌새들이 마리아의 달콤한 꿀을 모은다. 그녀의 아기를 살지게 했던 꿀이다. 나비들은 향기를 풍기는 기다란 꽃잎들을 우연히 본다. 그녀의 아기를 품에 안아주던 손이다. 마리아, 곧 "시들지 않는 꽃이 … 이새의 뿌리에서 … 성령의 일곱 가지 은사를 담는 그릇에서 다시 나온다. 하나님의 어머니이자 동정녀시여, 우리가 당신을 찬미합니다(정오에 부르는 아르메니아 찬송가)."

하나님은 우리에게 성장을 촉진하는 것들을 주셨다. 그것들은 피조물 전체에게 그분의 구속하는 사랑을 알리는 표지이자 상징이다. "의의 열매는 생명 나무다."라고 잠언 저자는 말한다(11:30, REB). 성모 승천 대축일은 건강하고 풍성한 생명을 수확하는 날이다. 어서 오소서, 마리아, 하나님의 어머니시여! "어서 오소서, 당신을 통하여 기쁨이 빛을 낼 것입니다./ 어서 오소서, 당신을 통하여 저주가 끝날 것입니다." 어서 오소서, 마리아, 빛의 어머니시여, "풍부한 자비의 수확을 가져오는 대지시여, … 당신을 통하여 에덴 들판이 다시 꽃필 것입니다(비잔틴 아카티스토스 찬미가)."

나는 사슴과 토끼들이 드나들지 못하도록 채원 주위에 울타리를 세웠다. 나는 옛 아담이자, 들짐승들이 두려워하는 노아의 자손이다(창 9:2). 노아의 자손은 땅의 열매를 두고 또 다른 자손과 경쟁한다. 나의 정원은, 벽으로 둘러싸여 모든 숨탄것을 충분히 보호하는 새 에덴 정원이 아니다. 울타리는 들판의 피조물이 내 정원에 들어오지 못하게 하면서, 내가 낙원에서 추방되고 소외된 상태임을 떠올리게 한다. 자연 만물이 그런 상태로 인해 괴로워하고 있다. 피조물 전체가 선과 악을 아는 지식의 어두운 비밀에 덮여서, 빛과 생명이 나타나기를 간절히 바라면서 신음하고 있다(롬 8:19~23).

마이클 폴란^{Michael Pollan}은 그의 책 『세컨 네이처^{Second Nature}』에서 이렇게 말한다. "'황야', '생태계', '가이아', '자원', '황무지' 등 우리가 자연을 가리키는 다양한 은유 하나하나가 일종의 정원이자, 우리의 문화와 저기 밖에 있는 것

-그게 무엇이든- 의 불가결한 혼합이다. '정원'이란 말은 완전히 인간 중심의 개념처럼 들릴지도 모르겠다. 하지만 그것은 우리가 피해선 안 될 개념이다." 우리는 이 시대에 정원과 정원사의 모습을 회복해야 한다. 모든 정원사는 마리아의 아들을 모방하는 사람이다. 모든 정원사는 정원사이신 선한 창조주의 도제(徒弟)다. 정원 일은 우리가 자연에 속해 있으며, 자연에 대한 책임도 우리에게 있음을 가르친다. 인간의 문화와 자연의 운명은 밀접하게 관련되어 있다. 우리가 자연을 이롭게 한다면, 우리의 안녕뿐만 아니라 자연의 안녕에도 도움이 될 수 있다.

마리아의 죽음과 승천은 그녀의 복된 수태 및 출산과 영원히 연결되어 있으며, 모든 창조물을 향한 하나님의 위대한 자비의 계시를 완성하는 것과도 연결되어 있다. 성모 승천 대축일 저녁에 부르는 비잔틴 찬송가는 다음과 같이 외친다.

오 놀라운 경이여! 생명의 샘이 무덤 속에 뉘어서, 무덤이 천상에 이르는 사다리가 되었네. 오 겟세마네여, 하나님의 어머니(Theotokos)의 거룩한 방이여, 기뻐하여라. 우리 신자들은 치품천사 가브리엘과 함께 큰소리로 외쳐

말합시다. 어서 오소서, 오 은총이 충만한 이시여. 주님이 당신과 함께 계시면서, 당신을 통하여 세상에 큰 자비를 내리십니다.

성모 승천 대축일은 만유의 "가장 심원한" 생태학이다. 마리아는 "생명의 요소를 생겨나게 하신 … 하나님의 새 방주여서 생명에서 생명으로 옮겨간다(성모의 영면을 기리는 비잔틴 저녁 기도)." 마리아는 아이를 수태하는 것으로 말씀이신 분을 말없이 예언했다. 그녀는 자진해서 그분을 복된 몸 안에 감싸고 아기로 낳아 세상에 내보냈다. 그녀는 그분이 십자가에서 죽는 모습을 지켜보며 슬퍼하였다. 그러나 그분의 찢긴 육신에서 쏟아진 피가 죽은 나무를 꽃피는 나무가 되게 하였고, 대지에 물을 낙원의 약속과 함께 영원히 공급한다.

마리아의 생애, 출산, 죽음에 대한 승리를 기억하는 것은, 하나님이 태초에 그러신 것처럼 지금도 우리와 함께 거니시는 정원-가장 맑은 물을 새로 공급하여, 온갖 숨탄것의 거처가 되는 정원-을 흘끗 보는 것과 다름없다. 8월 중순에 그리스도인 정원사는, 마리아가 신성한 잠을 자며 쉬던 정원에서 그녀를 찾는다. 그는 마리아의 사랑스러운 얼굴에서 소망을 발견한다. 자기가 정원을 잘 가꾸면, 더없이 완전한 시기에 낙원에서 그녀의 아들과 연합하게 되리라는 소망을.

6장

십자 표지를 단 정원

구원의 열매를 맺는 나무

오, 여름날의 성체여,
오, 안갯속 마지막 성찬이여,
한 아이가 참여하는 걸 허락해다오.

너의 신성한 표상들에 함께하도록,
너의 신성한 빵을 나누도록,
불멸의 포도주를 맛보도록!

에밀리 디킨슨 Emily Dickinson
'인디안 서머 Indian Summer'

충실한 십자가여, 그토록 고귀한 나무여,
작은 숲이나 큰 숲에서 자란 적이 없고,
잎도 꽃도 네 가지에서 빛나는 것만큼
아름답게 피어난 적이 없구나.
달콤한 나무와 달콤한 쇠못이
그토록 소중한 짐을 지고 있구나.

아! 네 본래의 엄격함을 풀어라,
네 가지를 굽혀라, 치솟은 나무야!
오 나무야, 부드러운 자비에 녹아들어라!
그리스도, 영광의 왕을 보아라!
인간의 죄와 슬픔에 싸여,
죄에서 세상을 자유롭게 하시려고 죽임당한 분이시다.

포르투나투스 Fortunatus
'혀야, 노래하라 Pange Lingua'

나의 유년 시절, 아버지가 포도주를 만들었던 9월의 기억이 생생하다. 그해 여름 내내 나는 놀이방 바깥쪽 나무 정자 위에서 콩코드 포도가 햇빛을 받으며 익어가는 모습을 지켜보았다. 9월에는 아버지를 도와 큼직한 자줏빛 포도송이들을 따서 흰색 법랑 재질의 목욕통에 담았다. 동생과 내가 어렸을 적에, 어머니가 우리를 목욕시켜 주던 통이었다. 나는 돌로 지은 서늘한 지하실에서 맨발로 포도를 짓밟았다. 그런데 어머니가 목욕시켜줄 때와 달랐다. 이 목욕은 내 살을 자극하고 찔렀다.

겨울이 오자 포도즙이 시큼해졌고, 어머니는 적포도주 식초를 많이 넘겨받았다. 그 후로 아버지는 포도주를 만들지 않았다. 그 대신, 아버지는 이제껏 맛본 것 중에서 가장

맛 좋은 최상급 루트비어[7]를 담그는 일로 되돌아갔다.

그로부터 40년이 지났다. 나는 내 가정을 꾸리는 복을 받았고, 사랑이 요구하는 희생을 배웠다. 아버지가 실패했던 9월 실험에 대한 기억은 내 마음속에서 좋은 포도주처럼 숙성되었다. 나는 포도주를 마실 때면, 쓴맛과 신맛에 감사하고, 십자가에서 내 구원의 음료를 흘린 달콤한 열매에 감사하곤 한다. 조지 허버트는 자신의 시에서 이렇게 말한다.

> 사랑을 모르는 자여, 시험해 보고
> 음미해보라, 저 즙을, 십자가에서 창 하나가
> 다시 마개를 땄으니. 그다음 말해보라,
> 그와 같은 것을 맛본 적이 있는지를.
> 저 달콤하고 가장 신적인 술이야말로 사랑이다.
> 내 하나님은 그것을 피로 여기시지만, 나는 포도주로 여긴다.

어린 시절 그 겨울에 포도주가 식초로 변한 건 문제가 되지 않는다. 사랑으로 말미암아, 영적 건강과 마음의 진정

---

[7] Root beer. 사르사 뿌리·사사프라스 뿌리 따위로 만드는 청량음료. 알코올 성분이 거의 없다.

한 기쁨을 누리는 일은 십자가로 충분하다.

> 너는 복이 있다, 거룩한 나무여, 알기 쉬운
> 포도 압착기여!
> 네 안에서 천상의 포도송이들이
> 으깨어졌으니,
> 천상의 사람들과 지상의 사람들을
> 기쁘게 하기에 충분하구나.
>
> _무적자 데이비드David the Invincible, '하나님의 거룩한 십자가에 대한 찬사An Encomium on the Holy Cross of God'

9월에는 수많은 그리스도인이 십자가 현양 축일을 지낸다. 내가 속한 교회에서는 현양 절기가 강림절까지 이어진다. 그 축일은 4세기에 예루살렘에서 성묘(聖墓) 교회를 지으려고 발굴하는 동안 진짜 십자가가 발견되었다는 전승에 뿌리를 두고 있다. 콘스탄티누스 황제는 그리스도인들이 아주 이른 시기부터 주님이 묻힌 곳으로 믿은 장소 위에 성묘 교회를 세웠다. 나는 교회가 그 축일을 9월에 지키는 것을 이상히 여겼다. 그 축일이 부활절 이후 봄에 있는 것이 더

이치에 닿지 않았을까? 치욕과 죽음의 표지였던 십자가가 골고다의 고통과 빈 무덤 이후에 승리와 생명의 상징으로 여겨졌으니 말이다.

그러나 나의 정원에서 숨은 의미를 발견했다. 정원의 9월은, 기습적으로 해변을 덮치는 사나운 파도처럼 갑자기 다가온다. 다년초 화단이 분홍색 애스터와 자주색 애스터로 환해지고, 겨자색 국화가 시골 정원을 뒤덮는다. 채원에는 황금빛 스쿼시 호박, 초록깍지강낭콩, 토마토, 진홍색 피망이 넘쳐난다. 구부리고 따느라 허리가 쑤실 지경이다. 나무는 열매를 맺었다. 마지막 수확물인데 상태도 좋고 양도 많다.

그러나 10월이 되면, 파도가 물러간다. 첫서리가 내리고 덩굴식물들이 시든다. 덜 익은 열매가 터져, 작은 씨를 서늘한 땅속으로 보낸다. 5월에 땅속에 박아둔 나무 말뚝들이 또다시 벌거벗는다. 내 정원에는 그것 말고도 나무 세 그루가 서 있다. 땅과 바위에서 자라나, 축 처진 상태인 세 개의 십자가다. 중앙에 있는 십자가로 다가가면, 그 십자가가 두 팔을 뻗쳐 나를 안고 공중으로 들어 올리는 듯하다. 나는 봄같이 화창한 늦가을 날에 나무에서 움튼 연한 어린잎을 주목한다. 지난봄 어느 날 싱싱한 가지들로 말뚝을 만들어

박았는데, 가을에 말라 죽은 줄 알았던 그 말뚝에서 다람쥐 귀 크기의 녹색 싹과 잎이 자라는 것을 발견한 것이다.

> 너는 복이 있다, 거룩한 나무야, 그리스도께서 관을 씌워 주셨으니.
> 땅에서 자랐지만, 네 펼친 가지들은
> 지극히 높은 하늘 위로 솟았구나.
> 너는 헤아릴 수 없는 열매를
> 맺어 달았구나!
> ......
> 네가 이스라엘의 줄기에서 꽃을 피워서,
> 온 땅이 네 열매로 가득한 거로구나.
> _무적자 데이비드, '하나님의 거룩한 십자가에 대한 찬사'

 "늘 흐르는 강이 뿌리에 물을 공급하는 나무를" 마음속에 그려보라고 성 보나벤투라^{St. Bonaventure}는 말한다. "그 강은 큰 생명의 강이 되어 네 개의 운하로 온 교회의 정원에 물을 공급한다(『생명의 나무^{The Tree of Life}』)." 그 나무가 바로 십자가다. 십자가는 태초에 "하나님이 일구신 정원에서" 꽃을 피운 나무다. "그 나무가 셋에게는 위로가 되었고, 그 아버지 아담에게는 예언이 되었다(십자가 현양 축일에 부르는 아르메니아 찬송가)." 우리는 주 예수께서 못 박히신 나무를 신뢰한다. 그 나무를 신뢰하는 것은, 그 나무가 죽어서가 아니라, 그 나무가 영생의 열매와 음료를 내기 때문이다.

그리스도인 시인들은 십자가를 나무라고 부른다. 화가들도 십자가를 나무로 그렸다. 성 보나벤투라가 말한 대로, 십자가는 "구원을 열매로 맺는 나무/ 생명의 샘이 물을 공급하는 나무다/ 그 나무의 열매야말로 욕망의 대상이다." 시리아의 성 에프렘은, 아담이 그 열매를 "훔쳐서 처녀지인 땅속에 가라앉아/ 숨었다가, 갑자기 골고다에 다시 나타난 것을" 에덴의 그 나무가 보았다고 추측한다(『동정의 찬가 Hymns on Virginity』). 따라서 하나님이 아담에게 먹지 말라고 금하신 열매는 우리가 먹을 수 있도록 자란다. 금지된 욕망의 대상이 이제는 생명과 사랑에 대한 온갖 동경을 채워준다.

9월의 사과는 서늘한 저녁에 빨개지면서, 더는 부끄럼이나 욕망을 보이지 않고, 기쁨의 정원에 자리한 사랑을 나타낸다.

숲속 나무 사이에 사과나무 한 그루,
젊은 남자들 가운데서도 나의 사랑 임이 바로 그래요.
나 크게 기뻐하며 그 그늘에 앉아서,
달콤한 그 열매를 맛보았어요.
임은 나를 이끌고 잔칫집으로 갔어요.
나를 향한 임의 의지는 사랑이었어요.
건포도를 주세요, 기운 내도록.
사과 좀 주세요, 기운 좀 차리도록.
사랑하다가, 내가 실신했거든요.

_아 2:3~5, NRSV

말씀이신 분 자신이 최초의 정원사**였다**. 태초에 그분께서 에덴 정원에 나무 한 그루를 심으셨다. 그 나무는 영원한 생명의 열매를 맺었다. 하지만 뱀이 정원에 들어가, 말씀이신 분께서 우리의 육신을 취하시고 되찾으실 때까지 그 나무가 제 것이라고 주장했다. 그분께서는 그 나무에 못 박혀 친히 죄와 죽음의 해독제가 되셨다. 우리 주님을 십자가에 못 박은 자들은, 십자가가 처음부터 그분의 것이었음을, 그 생명 없는 처형 도구가 예나 지금이나 영원토록 살아 있는 나무, 하늘나라의 음식과 음료를 내는 생명 나무라는 걸 알지 못했다.

나는 마흔아홉 살이다. 일 년 중 이맘때 정원 한가운데 서면, 정원과 내가 생의 같은 시기에 있다는 생각이 든다. 스쿼시 호박 덩굴들이 포화 상태라 울타리에 가까스로 매달려 있다. 덩굴 제비콩은 잎을 떨어뜨리며 꽉 찬 꼬투리를 드러내고 있다. 옥수수 잎들은 마른 혀처럼 말리고 갈라져 있다.

정원과 나는 전성기를 지난 상태, 솔직히 말하면 "꽃이 지고 씨를 맺는" 상태다. 뱃살은 늘어나고, 근육은 줄고 있다. 내 머리칼은 건조하고 희끗해져간다. 아이들은 박주가리의 꼬투리처럼 크게 자라서, 더는 애들을 붙잡을 수 없다. 그러나 "꽃이 지고 씨를 맺는다는 것"은 그다지 나쁜 게 아닐지도 모른다. 씨가 땅속에 떨어져야, 봄에 새 식물이 생겨난다. 성 바울은 부활을 의심하는 고린도 교회 그리스도인들에게 뭐라 말했는가? "그대가 뿌리는 씨는 먼저 죽지 않고서는 살아나지 못합니다. 그리고 그대가 뿌리는 것은 장차 생겨날 몸 그 자체가 아닙니다. 밀이든지 그 밖에 어떤 곡식이든지, 다만 씨앗을 뿌리는 것입니다. 그러나 하나님께서는, 원하시는 대로, 그 씨앗에 몸을 주시고, 그 하나하나의 씨앗에 각기 고유한 몸을 주십니다(고전 15:36~38, REB)."

한 알의 씨가 봄에 뿌려져, 최종 수확의 첫 열매들을 맺었다. "아담 안에서 모든 사람이 죽는 것과 같이, 그리스도 안에서 모든 사람이 살아나게 될 것입니다. 그러나 각각 제 차례대로 그렇게 될 것입니다. 첫째는 첫 열매이신 그리스도요, 그 다음은 그리스도께서 재림하실 때에, 그리스도께 속한 사람들입니다(고전 15:22~23)." 정원 일의 시기가 끝나고, 사탕단풍 잎들이 선황색으로 바뀌어 갈색 대지 위로 무리 지어 떨어질 때면, 그리스도인들은 십자가를 떠올린다. 11월에 강림절이 다가오면, 올려다보라! 수백 개의 나무 십자가가 지평선에 닿고, 새들이 그 속에서 휴식처를 찾을 것이다.

한 해가 저물어 가면, 우리는 십자가를 떠올리며 확신한다. '조만간 한 아기가 태어날 것이다. 봄이 멀지 않았다. 최후 나팔이 울리고 영원한 봄이 시작되면 성자께서 우리의 마른 뼈에 새 살을 입히실 것이다. 5월에 단풍나무 가지의 움에서 터져 나오는 은녹색 잎 같은 새 살을.'

9월의 어느 서늘한 아침에 정원에서 일하는데, 태양이 떠오르자 캐나다 기러기 한 무리가 높이 날았다. 수십 개의 작은 십자가는 순례자들이 촛불에 의지해 성묘의 벽면에 새기는 십자가처럼 보였다. 오직 그 십자가들만이 빛나는 하늘을 가로지르며 거대한 V자 형태로 퍼지고 있었다.

7장

한 해의 유소년기에

탄생 안에서 죽음을,
죽음 안에서 탄생을

씨는 땅속에 있다.
이제 우리는 희망에 싸여 쉬어도 된다,
어둠이 제 일을 하는 동안.

웬델 베리 Wendell Berry
『나무 합창단 A Timbered Choir』

내 삶은 시든 잎 같고,
내 수확물은 줄어들어 하나의 꼬투리가 되었네.
실로 내 삶은 불모의 꼬투리 안에 있어서
공허하고 덧없으며 따분하네.
내 삶은 꽁꽁 언 것 같아서,
싹도 녹색도 보이지 않네.
그러나 다시 솟아오를 것이네-봄의 수액이.
오 예수여, 내 안에서 솟아오르소서.

크리스티나 로제티
'더 나은 부활 A Better Resurrection'

강림절 기간, 뒤뜰의 어린 대왕참나무 가지에 매달린 질긴 잎들 위에서 차가운 눈송이들이 팀파니를 연주한다. 한 해가 저물어 가고, 대지는 차가워졌다. 나의 정원은 갈색에서 잿빛으로 퇴색하였다. 옥수숫대는 오그라든 채 꼬부라진 노인처럼 웅크리고 있다. 스쿼시 호박 덩굴은 시들었고, 썩은 호박에서 씨가 땅으로 떨어지고 있다. 내 정원에서 서식하는 거북이들은 대략 15㎝ 두께의 흙 이불을 덮은 상태다. 곱슬곱슬한 케일만이 푸르름을 유지한 채 곧게 서서, 겨울 결빙기에 담요처럼 뒤집어쓸 첫눈을 기다리고 있다.

쌀쌀하고 흐린 토요일, 나는 진흙투성이 장화를 신고 터덕터덕 채원으로 간다. 채원 문을 밀어 열고, 황량한 정경을

관찰한다. 여름날을 감각적으로 축하하던 것들이 앙상하게 마른 뼈들로 바뀌어 있다. 나는 토마토 지지대와 죽은 덩굴들을 잡아 뽑는다. 그러고는 옥수숫대들을 베어 넘겨 정원 한구석에 쌓는다. 그것들은 다음 해의 작물에 뿌리 덮개 역할을 하다가 한 철이 지나면 자신들이 먹고 자랐던 흙으로 돌아갈 것이다.

모든 꽃은 어디로 갔는가? 다년초 화단은 옷가지를 잃어버린 상태다. 눈부신 여름날의 들뜬 분위기가 더는 보이지 않고, 춤꾼들은 모두 속살을 드러냈고, 그들의 발은 땅속에 얼어붙어 있다. 나는 줄기가 긴 애스터와 플록스의 밑동을 자르고, 채원 가장자리를 잠식한 풀들을 파낸다. 올해에 나는 차고 뒤편의 라일락이 자라는 모퉁이를 파서 만든 새 화단에 튤립 구근(球根) 100개를 묻을 참이다. 11월의 춥고 어두운 땅속에 묻어두면, 태양이 돌아와 4월에 그것들을 소생시킨다.

우리 주님은 뭐라고 말씀하셨는가? "밀알 하나가 땅에 떨어져서 죽지 않으면 한 알 그대로 있고, 죽으면 열매를 많이 맺는다(요 12:24, KJV)." 캐릴 하우스랜더Caryll Houselander가 『하나님의 갈대The Reed of God』에서 말한 대로, "강림절은 씨앗의 계절이다." 씨앗은 수수하지만 믿음의 비밀과 빛나는 새 삶의 약속을 가득 담고 있다. 창조의 주님께서 여인의 자궁 안에서 작은 씨앗이 되셨다. "처녀지인 땅이 … 땅의 지배자인 아담을 낳았듯이", "동정녀께서는 하늘의 지배자인 새 아담, 곧 둘째 아담을 낳으신다(성 에프렘, 『성탄의 찬가Hymns on the Nativity』)." 메시아께서는 "바짝 마른 땅에 뿌리내린 연한 순과 같이(사 53:2, REB)" 돋아나신다. 그분께서는 땅에 자신의 상처 입은 사랑을 뿌리실 것이고, 그분의 수확물은 백 배가 될 것이다(막 4:20).

우리는 성탄절을 망쳐놓았다. 강림절의 의미, 어둠 속으로 파고드는 빛의 의미, 회개하고 준비하며 참 빛을 받아들여야 한다는 사실의 의미를 망각했기 때문이다. 강림절은 우리의 닳고 낡고 죄스러운 자아가 정원의 구겨진 옥수숫대처럼 죽어 땅속에 드는 시기다. 베어 들이는 사람이 와서 나를 베어 넘기게 하라. 그러면 나는 땅에 넘어질 것이다.

가공된 행복 한 조각을 손에 넣으려고 경쟁하느라 이 갇힌 세상에서 진정한 기쁨의 다른 면은 슬픔이라는 것을 잊고 말았다. 그리스도의 죽음 속에 탄생이 자리하는 것과 같이, 그분의 탄생 속에는 죽음이 자리하고 있다. 강림절과 성탄절은 바로 그것을 말한다. 우리가 좀 더 주의 깊었더라면 좋았을 것을. 티 에스 엘리엇^{T. S. Eliot}은 '동방박사들의 여정 Journey of the Magi'에서 그 의미를 아래와 같이 포착한다.

> 탄생을 위한 것이었는가, 아니면 죽음을 위한 것이었는가?
> 확실히 탄생은 있었다,
> 우리는 증거를 가지고 있었고, 조금도 의심하지 않았다.
> 나는
> 나고 죽는 것을 보았지만,
> 탄생과 죽음이 다르다고 생각했다.
> 그런데 이 탄생은
> 우리에게 힘겹고 쓰라린 고통이었다, 죽음처럼,
> 우리의 죽음처럼.

탄생을 그린 동방교회의 성화들에는 동굴이 절대적 어둠의 삼각형으로 등장한다. 그 안에 아기가 누워 있다. 이는 태양이신 분께서 죄의 밤 한가운데로 빛을 가져오심을 의미한다. 그 순진무구한 아기가 바로 십자가에 달리신 메시아, 곧 "아담을 구하기 위해 땅에 내려오셔서, … 거기서 그를 찾지 못하자, 그를 찾으시려고 지옥에 가신(『사순절 전례음악Lenten Triodion』 중 성 토요일에 부르는 비잔틴 찬송가)" 분이시다. 아기를 감싸는 옷은, 그분께서 셋째 날에 빈 무덤에 두고 가셔서, 천사가 향료를 지닌 여인들에게 가리켜 보이는 감긴 천이기도 하다.

겨울의 어둠 속에 태어난 순진무구한 아기와 잎이 없는 나무에 달려 죽어간 분은 같은 분이다. 그의 세례와 부활은 장미의 꽃잎들처럼 서로 겹친다. 겨울은 "공기의 죽음 … 땅의 죽음 … 물과 불의 죽음"을 가리키는 철이다. 그러나 성탄절이 되면, "이 사랑의 끌어당김과 이 부르심의 음성"이 우리를 초대하여 "미지의 기억되지 않은 문을 지나서" 돌아가게 한다. "발견하도록 남겨진 땅의 끝이/ 시작이었던 그곳"으로(티 에스 엘리엇, '리틀 기딩Little Gidding'). 한 해 중 우리가 기대를 가장 적게 품는 겨울철에, 누군가가 우리를 푸릇푸릇한 낙원으로 초대한다. 그곳은 강들이 조용히 흐르며 땅에 끊임없이 자양분을 공급하고, 항상 상쾌하게 하는 산들바람을 타고 제비들이 날고, 지지 않는 태양이신 분의 빛을 받아 대지가 풍부한 생명을 내는 곳이다. 그분은 정원사이시므로 가장 달콤한 열매와 향기로운 꽃들로 장식한 월계화관을 쓰고 계신다. 그분의 화관은 온 세상을 에워싼다.

우리는 성탄절을 길들이고 말았다. 전기를 통한 빛으로 그 밤의 모든 공포와 추위를 제거했다. 그래서 진짜 기쁨이 우리를 피하고 있다. 우리는 벌충한답시고 소리 없는 절망을 화려한 크리스마스 포장지로 가린다. 하지만 우리는 정해진 시간에 그 포장지가 모두 찢어지고 구겨질 것이며, 그 하루가 지난 뒤 우리의 삶이 전과 다르지 않으리라는 것도 잘 알고 있다. 우리는 그분이 겪으신 탄생의 고통이 없고, 그분이 겪으신 십자가 처형의 괴로움도 없으며, 그분이 다시 오실 때 이루어지는 심판도 없는 삶의 기쁨만을 원한다. 그러나 여러분에게 묻는다. "어찌하여 이 시기에 호랑가시나무는 붉은 열매들을 맺는가?"

낙원이 갈망하는
이는 복이 있다.
그렇다, 낙원은 선함으로
자신을 아름답게 하는 이를 갈망한다.

_성 에프렘, 『낙원의 찬가』

낙원이 **우리**를 갈망한다는 사실을 아는 것은 놀라운 일이다. "선함으로 자신을 아름답게 하는"이라는 표현도 위로가 된다. 낙원은 우리가 자비와 사랑이라는 아름다운 꽃과 열매를 맺기를 기대한다. 우리는 크리스마스트리이며, 우리가 그 나무에 매다는 장식품들은 우리 삶의 덕 있는 열매들이다.

아담이 낙원을 위해 지어진 게 아니라, 낙원이 아담을 위해 지어졌다. 아담이 창조되었을 때 그의 가슴에는 틀림없이 선함이 자리하고 있었다. 마찬가지로 우리의 본성을 취하신 성부께서는 자신의 완벽한 형상으로 우리 안에 훨씬 고귀한 아름다움을 회복시켜 놓으셨다. 성 에프렘은 이어서 말한다.

> 인성 안에 있는 진리는
> 낙원의 식물들을 능가한다.
> 사랑은
> 낙원의 달콤한 향기들보다도
> 더 매혹적이다.
> _『낙원의 찬가』

가지에서 열매를 빼앗아가는 겨울에,
열매가 우리를 위해
불모의 덩굴에서 튀어나왔다.
모든 나무를 벌거벗긴 추운 날씨 속에서
한 싹이 우리를 위해 이새의 집안에서 돋아났다.
씨가 땅속에 숨는 1월에,
생명의 지팡이가 자궁에서 튀어나왔다.

_『성탄의 찬가』

12월에 나는 그리스도의 탄생 안에서 죽음을, 그분의 죽음 안에서 탄생을 잊지 않으려고 정원을 찾는다. 초기 교회가 그리스도의 탄생과 세례를 같은 철에 배치한 건 그 때문이다. 심지어 아르메니아 교회는 우리 주님의 탄생과 세례를 같은 날인 1월 6일(동방교회의 주현절)에 경축한다. 고대 아르메니아 찬송가는 다음과 같이 연결한다.

빛 중의 빛이시여, 당신께서는 성부에게서 보냄을 받아
거룩한 동정녀의 육신이 되셨습니다,
잃은 아담을 되찾으시려고요.
……
그 옛 사람을 되찾으시며 구세주께서 오늘

세례 자리에 오십시오,
우리의 타락한 본성을 물로 새롭게 하시고,
우리에게 결백한 옷을 주시려고요.
그리스도께서 세례를 받으시니,
모든 피조물이 신성해집니다.
우리의 죄를 용서하여 주시고,
물과 성령으로 우리를 다시 거룩하게 하여 주십시오.

어둠과 추위를 몰아내는 이 빛을 보고
우리가 부들부들 떱니다.
엉겅퀴를 태워버리고 장미를 소생시키는
이 태양 앞에 우리가 엎드립니다.

메릴랜드에서는 2월 초가 되면 수선화가 굳은 땅을 뚫고 연녹색 창(槍)들을 밀어낸다. "꽃 한 송이가 이새의 뿌리에서 돋아난다." 지상의 어머니, 천상의 여왕이 "세상의 기쁨을 낳는다(성탄절에 부르는 아르메니아 성가)." 예수께서 태어나시고 40일이 지난 후 (유대인의 종교적 관례에 따라), 마리아와 요셉은 그분을 예루살렘 성전으로 데리고 가서 축복을 받게 했다(눅 2:22~40). 2월이 시작되면, 수많은 그리스도인이 우리 구세주의 생애에서 이 순간에 주의를 기울인다. 주님 봉헌 축일은 성탄절의 마지막 축일이다. 그 축일은 성탄절의 기쁨은 값비싼 대가를 치르고 얻는 것임을 마지막으로 상기시킨다. 메마른 나무에 달려 죽음으로써 우리 삶의 생명이요 기쁨이신 분께서 우리에게 영생을 선물로 주셨다. "시므온이 그들을 축복한 뒤에, 마리아에게 말하였다. '이 아기는 거부당하는 표징이 될 운명입니다. 당신의 마음도 칼에 찔리게 될 것입니다(눅 2:34~35, REB).'"

성탄절은 이타적 사랑이라는 하나님의 선물과 관계있고, 그리스도께서 우리에게 자기를 선물로 내어주신 것과 관계있다. 우리의 모든 선물은 "감사합니다."를 말하는 방식이다. 우리가 주는 선물들은 모두 그리스도의 이타적 사랑의 정신 안에 있어야 한다. 내가 제일 사랑하는 것, 나에게 가장 큰 기쁨을 주는 것을 다른 이들과 온전히 나누는 것이야말로 가장 어려운 일이다. 우리 주님은 정원에서 성부께 이렇게 탄원하셨다. "아버지, 하실 수만 있으시면, 이 잔을 내게서 지나가게 해주십시오(마 26:39, REB)." 우리 주님이 성부께 그렇게 탄원하신 것은 고난을 두려워하시거나 죽음을 두려워하셔서가 아니었던 것 같다. 우리 중 한 사람처럼 자기 삶을 영위하고 싶으셔서 그런 기도를 입 밖에 내셨던 것 같다.

코네티컷에서 자라던 소년 시절, 따스한 봄날과 서늘한 여름 저녁에 상쾌한 바람이 롱아일랜드 수로에 불 때면, 나는 위플(wiffle) 배트와 공을 가지고 집 옆의 너른 마당으로 나가곤 했다. 나는 경기가 실제로 이루어지고 있다고 믿게 하려고 했다. 우리 팀은 뉴욕 양키스였고, 상대 팀은 보스턴 레드삭스였다. 대개는 양키스가 이겼다. 그러나 거기에는 위험이 도사리고 있었다. 마당의 경계 부분에 어머니의 꽃밭이 있었고, 산울타리 맞은편에는 윌슨 부부의 마당이 있었기 때문이다. 윌슨 씨는 자신의 채원을 매우 소중히 여겼다. 나는 공이 어머니의 꽃들 사이에 떨어질 때는 두렵지 않았다. 어머니는 나를 용서해주었기 때문이다. 하지만 공이 윌슨 씨의 채원으로 튕겨나갈 때는 이따금 공포에 휩싸였다. 그럴 때면 나는 윌슨 씨가 외출했는지를 살폈다. 그리고 아무도 없으면, 나는 떨리는 마음으로 작은 개나 어린애가 드나들 수 있도록 울타리에 뚫어놓은 구멍으로 슬그머니 들어가서, 윌슨 씨의 채원을 재빠르게 기어 다니며 위플 공을 찾곤 했다. 그러나 윌슨 씨에게 잡힐 때도 더러 있었다!

　모든 정원사는 유혹을 겪는다. 정원사는 자기 정원을 아주 많이 사랑한다. 자기 정원이 완벽하고 흠이 없어서 전부 자기 것이기를 바란다. 불가능할 정도로 완벽한 마음의 눈을 충족시키고 싶은 절대적 욕망과 그것을 망치는 침입자에 대한 분노가 있는 것이다. 윌슨 씨가 줄지어 씨 뿌린 골들을 휘저어 놓거나 어린 콩 순들을 뭉개어 놓는 이는 소년 하나가 아니었다. 비나 우박, 사슴이나 몇 마리 토끼도 그랬다. 윌슨 씨는 나에게 그랬던 것처럼 달갑지 않은 "침입자들"에게도 몹시 화를 냈을 것이다. 그는 정원이 완벽하기를, 자기만의 것이 되기를 바랐다.

내가 봄과 여름에 대해 말하고 있다니 어찌 된 일인가? 봄과 여름은 겨울 및 성탄절과는 거리가 멀게 여겨진다. 하지만 그다지 멀지 않을 수도 있다. 이야기 한 편, 혹은 그 이야기의 주요 부분을 들려드리는 것으로 끝을 맺고 싶다. 오스카 와일드$^{Oscar\ Wilde}$가 모든 정원사를 위해 쓴 이야기인데, 어쩌면 그것은 특히 모든 그리스도인 정원사를 위해 쓴 이야기인지도 모른다.

옛날 옛적에 여러분의 것이나 나의 것과 비슷한 정원이 있었다. 어쩌면 훨씬 더 아름다운 정원인지도 모른다. 그것은 한 거인의 정원이었다. 거인은 그 나라의 다른 쪽에

사는 도깨비 집을 찾아가, 거기서 7년을 지냈다. 그런데 그 기간에 근처에 사는 아이들이 그 정원을 자신들의 놀이터로 삼았다. 거인은 돌아와 자기 정원에 아이들이 있는 것을 보고 몹시 화가 났다. "너희들 거기서 무엇 하는 거냐?" 하고 소리쳤다. 그는 매우 이기적인 거인이었다. "그 정원은 내 거야." 하고 그들에게 고함쳤다. "누구라도 이해할 수 있을 거야. 나 말고 누군가가 정원에서 뛰노는 걸 내가 허락하지 않으리라는 걸." 그래서 그는 자기 정원 주위에 높은 벽을 쌓아, 아무도 들어오지 못하게 했다.

그러나 이듬해 봄, 이상한 일이 벌어졌다. 봄이 그 나라의 모든 정원을 찾아갔지만, 거인의 정원만은 찾아가지 않은 것이다. 그는 자기 정원에 있는 열두 그루의 복숭아나무에 꽃이 피지 않고, 다른 꽃들도 피지 않는 걸 이해할 수 없었다. 그러던 어느 날 아침, 거인은 한 마리 새의 절묘한 노랫소리에 깨어나 침실 창밖을 내다보았다. 아이들이 벽에 뚫린 작은 구멍을 기어들어 와서 정원의 나무들을 타고 놀고 있었다. 아이들이 타고 오르는 나뭇가지마다 꽃으로 덮여 있었고, 아래에서는 푸른 풀들 사이로 꽃들이 고개를 내밀고 있었다. 거인은 마음이 녹아서, 자기가 얼마나 이기적이고 불행한 사람이었는지를 깨달았다.

그러나 아이들은 거인을 보자 모두 달아났다. 한 소년만이 꽃이 피지 않은 나무 곁에 서 있었다. 거인이 다가오는 걸 보지 못할 정도로 소년의 눈에는 눈물이 가득했다. 그때 거인이 두 손으로 소년을 부드럽게 감싸 쥐고 나뭇가지에 올려 주었다. 눈 깜짝할 사이에 그 나무에 아름다운 꽃들이 만발했고, 새들이 그 나무에 날아들어 노래를 부르기 시작했다. 그러자 소년은 거인의 목을 껴안고 그에게 입을 맞추었다.

거인은 도끼로 벽을 쳐서 무너뜨렸다. 그날부터 여러 해 동안 아이들이 그리로 찾아와 뛰놀았다. 하지만 거인은 그 특별한 소년을 다시는 보지 못했다. 자기의 정원을 찾은 사랑스러운 아이들 가운데서 그 소년을 사랑하고 가장 많이 보고 싶어 했는데도 볼 수 없었다.

여러 해가 지나고, 거인은 차츰차츰 늙어갔다. 그러던 어느 겨울 아침, 거인은 놀라운 광경을 보게 되었다. 눈에 보이는 것을 도무지 믿을 수 없었다. 정원의 먼 구석에 있는 나무 한 그루에 가장 아름다운 흰 꽃들이 덮여 있었고, 나무 아래엔 그가 몹시 사랑했던 소년이 서 있었다. 거인은 마음속으로 크게 기뻐하면서 소년을 맞으러 밖으로 나갔다. 하지만 소년에게 가까이 다가가서 보니, 소년의 손바닥에 두 개의 못 자국이 있었고, 두 발에도 같은 자국이 있었다. 거인은 분노로 얼굴이 벌겋게 달아올라서 말했다. "누가 감히 너에게 상처를 입혔니? 칼을 가져가서 그를 죽이겠다." 그러자 소년이 말했다. "아니에요. 이것들은 사랑의 상처예요." 거인은 "당신은 누구인가요?" 하고 말하면서 아이 앞에 무릎을 꿇었다. 그러자 아이는 거인에게 미소를 보내며 말했다. "그대가 이전에 나를 그대의 정원에서 뛰놀게 해주었으니, 그대는 오늘 나와 함께 나의 정원에 가게 될 것이다. 나의 정원은 다름 아닌 낙원이다."

나는 오스카 와일드의 『이기적인 거인The Selfish Giant』 이야기에서 세부 묘사 한 토막을 싣지 않고 남겨 두었다. 와일드는 이렇게 쓴다. 노년의 그 거인은 "겨울을 더는 싫어하지 않았다. 겨울은 봄이 잠자는 계절, 꽃들이 쉬는 계절에 지나지 않는다는 것을 알았기 때문이다." 한 해의 유소년기에 구유 속 아기가 잠자며 쉬고 있다. 하지만 그분은 조만간 깨어나 자신의 상처 입은 사랑으로 언 땅을 녹이실 것이다. 이미 내 정원에서는 크로커스가 꽃 피울 채비를 하고 있다.

감사의 말

"NKJV"로 표시한 성서 인용은 the New King James Version에서 따왔다. Copyright © 1979, 1980, 1982 by Thomas Nelson, Inc. 허가를 받아 사용. 저작권법에 의하여 보호를 받는 저작물.

"NRSV"로 표시한 성서 인용은 the New Revised Version of the Bible에서 따왔다. Copyright © 1989 by the Division of Christian Education of the National Council of the Churches of Christ in the United States of America. 허가를 받아 사용. 저작권법에 의하여 보호를 받는 저작물.

"NEB"로 표시한 성서 인용은 the New English Bible, copyright © The Delegates of the Oxford University Press and The Syndics of the Cambridge University Press, 1961, 1970에서 따왔다. 저작권법에 의하여 보호를 받는 저작물.

"REB"로 표시한 성서 인용은 the Revised English Bible with the Apocrypha, copyright © Oxford University Press and Cambridge University Press, 1989에서 따왔다.

저자는 다음 자료들에 감사한다.

아가탕게고스^{Agat'angeghos}, 『성 그레고리의 가르침: 초기 아르메니아 교리문답서 The Teaching of Saint Gregory: An Early Armenian Catechism』, translated by Robert W. Thomson, Harvard University Press, ⓒ 1970.

웬델 베리^{Wendell Berry}, Poem V, 1991, from 『나무 합창단 A Timbered Choir』, copyright ⓒ 1998 by Wendell Berry. Counterpoint Press, a member of Perseus Books LLC의 허가를 받아 재인쇄함.

『오 주님, 은총을 내리소서: 아르메니아 교회 축복 예식들 Bless, O Lord: Services of Blessing in the Armenian Church』, Diocese of the Armenian Church of America, ⓒ 1989.

『보나벤투라 Bonaventure』, translated by Ewert Cousins, Classics of Western Spirituality Series, Paulist Press, ⓒ 1978.

에밀리 디킨슨^{Emily Dickinson}, "인디안 서머 Indian Summer", 『에밀

리 디킨슨의 시 전집 Collected Poems of Emily Dickinson』, Avenel Books, 1982.

『아르메니아 사도적 정교회의 신적인 예식 The Divine Liturgy of the Armenian Apostolic Orthodox Church』, translated by Tiran Archbishop Nersoyan, Saint Sarkis Church, London, ⓒ 1984.

티 에스 엘리엇[T. S. Eliot], "리틀 기딩 Little Gidding", 『사중주 Four Quartets』, copyright 1942 by T. S. Eliot and renewed 1970 by Esme Valerie Eliot; reprinted by permission of Harcourt Brace & Company and Faber & Faber Ltd.에서 발췌.

티 에스 엘리엇[T. S. Eliot], "동방박사들의 여정 Journey of the Magi", 『시 전집, 1909~1962 Collected Poems, 1909~1962』 by T. S. Eliot, copyright 1936 by Harcourt Brace & Company, copyright ⓒ 1964, 1963 by T. S. Eliot; reprinted by permission of Harcourt Brace & Company and Faber & Faber Ltd.에서 발췌.

"하나님의 거룩한 십자가에 대한 찬사 An Encomium on the Holy Cross of God", 『데이비드 안학트: "무적의" 철인 *David Anhagt': The "Invincible" Philosopher*』, edited by Avedis Sanjian, Scholars Press, © 1986. The University of California의 허가를 받아 재인쇄함.

성 에프렘^{Saint Ephrem}, 『낙원의 찬가 *Hymns on Paradise*』, translated by Sebastian P. Brock, St. Vladimir's Seminary Press, © 1990. St. Vladimir's Seminary Press의 허가를 받아 재인쇄함.

『시리아인 에프렘: 찬가 *Ephrem the Syrian: Hymns*』, Introduction by Kathleen E. McVey, Classics of Western Spirituality Series, Paulist Press, © 1989.

닛사의 성 그레고리^{Saint Gregory of Nyssa}, "아가 주석 Commentary on the Canticle", 『영광에서 영광으로: 닛사의 그레고리의 신비 저작 본문들 *From Glory to Glory: Texts from Gregory of Nyssa's Mystical Writings*』, St. Vladimir's Seminary Press, © 1979. St. Vladimir's Seminary Press의 허가를 받아 재인쇄함.

조지 허버트^{George Herbert}, "고통 The Agony", 『영어 저작 전집 *The Complete English Works*』, Everyman's Library, Alfred A. Knopf, 1995.

제인 케니언^{Jane Kenyon}, "2월: 꽃들을 생각하다 February: Thinking of Flowers", © 1996 by the Estate of Jane Kenyon. 『만약 그렇지 않으면: 새로운 시선 *Otherwise: New and Selected Poems*』 with the permission of Graywolf Press, St. Paul, Minnesota에서 발췌하여 재인쇄함.

『사순절 전례음악 *The Lenten Triodion*』, translated by Mother Mary and Kallistos Ware, Faber & Faber Ltd., ©1984.

프루덴티우스^{Prudentius}, 포르투나투스^{Fortunatus}, 『최초의 그리스도교 기도서 *Macmillan Book of the Earliest Christian Prayers*』, edited by F. Forrester Church and Terrence J. Mulry, Macmillan, © 1988.

신신학자 성 시메온^{Saint Simeon the new theologian}, 『신적 사랑의 찬가 *Hymns of Divine Love*』, translated by George A. Malloney, reissued by Dimension Books, PO Box 811, Denville, NJ 07834, © 1975.

에벌린 언더힐$^{\text{Evelyn Underhill}}$, 『영의 길 *The Ways of the Spirit*』, edited by Grace Adolphsen Brame, Crossroad Publishing Co. Inc., © 1993.

오스카 와일드$^{\text{Oscar Wilde}}$, "이기적인 거인 The Selfish Giant", 『옥스퍼드 현대 동화책 *Oxford Book of Modern Fairy Tales*』, edited by Alison Lurie, Oxford University Press, © 1993.

하나님의 때에 꽃을 피우다
정원사의 명상

1판 1쇄 발행 2022년 6월 24일

비겐 구로얀 지음 / 김순현 옮김

발행인 이 철
편집인 한만철
발행처 도서출판kmc

서울특별시 종로구 세종대로 149 감리회관 16층
(재)기독교대한감리회 도서출판kmc
전화 02-399-2008 **팩스** 02-399-2085
www.kmcpress.co.kr

디자인·인쇄 코람데오

Copyright (C) 도서출판kmc, 2022, *Printed in Korea.*

ISBN 978-89-8430-876-3 03230

• 값은 뒤표지에 있습니다.
• 파본은 구입처에서 교환해 드립니다.

이 책의 표지에 사용된 이존립 작가의 작품은 저작권법에 의하여 한국 내에서 보호받는 저작물이므로 무단 전재와 무단 복제를 금합니다.
ⓒ 이존립, 정원-바라보기, 2011

이 책에 사용된 Claudia Mcgehee의 작품은 알맹2를 통하여 Wm. B. Eerdmans Publishing Company와 저작권 계약을 맺은 것입니다. 저작권법에 의하여 한국 내에서 보호받는 저작물이므로 무단 전재와 무단 복제를 금합니다.